루이스 칸

건축의 본질을 찾아서

차례
Contents

03 왜 지금 칸에 주목하는가 **05** 칸이라는 건축가 **08** 위대한 건축가를 만들어 낸 삶 **15** 자연인 칸의 사랑과 인생 역정 **21** 길고 긴 수련 과정: 당시에 당신은 무엇을 하고 있었소 **26** 칸의 건축 철학: 그는 무엇을 생각했나 **31** 칸의 건축 이론 **38** 칸 건축과 구조에 대한 접근 **44** 본격적인 칸 건축의 시작: 예일 대학교 미술관 **51** 비어 있음의 미학: 솔크 연구소 **59** 도서관의 본질을 찾아서: 필립스 엑시터 아카데미 도서관 **70** 단위 공간의 집합 논리: 킴벨 미술관 **75** 칸의 마지막 작품: 예일 대학교 영국 미술 센터 **81** 진선미에서 찾는 칸 건축의 위대함

왜 지금 칸에 주목하는가

1974년 3월 17일 뉴욕 펜실베이니아 역 화장실에서 한 노인이 심장마비로 사망한다. 여권에서 주소가 지워졌기 때문에 신원을 확인하는 데만 무려 3일이나 걸린 이 노인이 바로 인도에서 돌아오던 세계적인 건축가 루이스 칸(Louis Isadore Kahn, 1901~1974)이었다.

그로부터 30여 년이 훨씬 지난 지금, 여전히 칸의 건축이 주목을 받는 이유는 무엇일까? 그의 건축이 보여 주는 견고함, 안정성, 세월의 깊이, 공간의 무게, 그리고 지속적인 감동 때문은 아닐까?

당시의 건축과는 전혀 다른 성격을 갖는 칸 건축의 중요성은 아마도 그것이 과거의 건축에 머무는 것이 아니라 현재까지 여전히 영향력을 미치고 있다는 점일 테다. 사실 그의 건축에서는 현대 건축이 보여 주는 재치, 발랄함, 경쾌함 및 형태의 자유분방함을 찾아볼 수 없다. 그의 건축은 마치 장중함과 여유를 보여 주는 고전 음악과 유사하다. 굳건하고 감동적이기까지 한 칸의 건축은 시간과 유행을 초월하여 존재하는 이 시대 건축의 고전이 아닐 수 없다.

이는 칸 고유의 건축 이론과 실천 체계에서 기인하는 것으로, 칸의 독특한 사고 체계와 깊은 관련이 있다. 칸 특유의 사고 체계와 언어 사용은 칸에 대한 신비감을 가져다준 동시에 다른 한편으로는 칸을 이해하는 데 장애물로 작용했다. 그래서 문자 그대로는 칸이 한 말을 정확히 이해하기가 어렵다. 하지만 차분히 숨을 가다듬고 칸의 건축과 그의 생애를 돌이켜 보면 그의 말 속에 숨은 진정한 뜻을 이해할 수 있다.

이 책은 칸의 생애와 작품을 훑어 내려가면서 '왜 그랬을까'라는 질문을 던지는 데 초점을 맞출 것이다. 마치 그가 건축의 본질을 향해 끊임없이 의문을 던졌듯이 말이다. 독자들이 이 책을 통해 건축가 루이스 칸에 대해 조금이나마 쉽게 접근할 수 있기를 희망한다.

칸이라는 건축가

칸의 작업을 이해하는 첫걸음

 160센티미터가 간신히 넘는 왜소한 체구, 화상 때문에 흉터가 난 얼굴, 보잘것없는 배경을 가진 가난한 유대인 이민자의 아들, 끝없이 열심히 작업했지만 파산에 몰리고 만 건축가[1] 루이스 칸. 그런데 그의 사후 30여 년이 지난 지금까지 왜 우리는 이 건축가에게 관심을 기울일 수밖에 없는가?

 건축가 루이스 칸의 삶은 극적이었다. 그는 불우했던 어린 시절, 사고로 인한 화상의 기억, 그리고 평탄치 않았던 사생활을 감내해야 했다. 칸은 50대 중반에 이르러서야 비로소 세상에 이름을 널리 알렸다. 부단히도 자신만의 건축을 추구하였

칸의 마지막 작품인 예일 대학교 영국 미술 센터의 중정 천장과 내부.

기 때문에 칸은 그동안 쉽게 접근하기 어려운 건축가로 알려져 왔다.

사실 건축을 전공하는 사람들도 칸에 대해서는 쉽게 이야기하지 않는다. 그만큼 칸의 생각과 건축을 이해하는 것이 어렵다는 방증이다. 그의 말이나 글은 직접적이지 않고 은유적이어서 마치 어느 경지에 다다른 철학자와 같이 느껴진다.

그렇지만 그의 일생과 사유 과정 그리고 건축에 반영된 그의 사고를 찬찬히 살펴보면 칸의 작업을 이해하는 것이 그렇게 어려운 일만은 아니다. 일견 난해하고 철학적으로 보이는 그의 사고 체계는 사실 건축의 본질을 향한 그의 노력과 자신의 생각을 건축에 그대로 표현하고자 한 노력의 결과였다. 따라서 칸 건축의 이해를 돕는 실마리는 바로 칸 자신의 일생에 걸친 생각과 그것을 표현하는 건물에 있다고 하겠다.

예술의 경지에 오른 대가의 숨결을 찾아서

칸의 활동 기간은 시기상으로는 근대 건축의 흥망성쇠와 거의 같은 궤적을 그리고 있지만 내용적 측면에서는 완전히 다른 면을 보여 준다. 사실 건축은 타 예술 분야에 비해 현실의 상황과 조건에 많은 영향을 받는다. 그래서 건축가의 개념을 실현하기가 쉽지 않다. 그런데도 칸은 빛과 공간을 통해 자신의 건축을 예술의 경지까지 승화시켰다.

근현대 건축을 통해 수많은 건축가들이 등장했지만 이른바 스승의 반열에 오른 건축가는 그다지 많지 않은 듯하다. 이를테면 르 코르뷔지에(Charles-Edouard Jeanneret)나 미스 반 데어 로에(Ludwig Mies vander Rohe) 등의 거장을 예로 들 수 있지만 시대를 초월한다는 측면에서는 칸을 첫 번째로 친다고 해도 큰 무리는 없다. 그만큼 칸의 건축은 시간과 지역의 차이를 넘어선 건축의 본질을 보여 준다.[2] 즉 루이스 칸만큼 근대 건축의 역사에 있어서 독보적인 위치를 차지하는 건축가는 많지 않았다.

위대한 건축가를 만들어 낸 삶

칸의 가계와 영향

칸은 1901년 2월 20일 제정 러시아의 에스토니아 지방에서 에스토니아계 유대인이었던 가난한 공예가인 아버지 레오폴드 칸(Leopold Kahn, 원래 이름은 Leib Schmuilowsky)과 라트비아계 유대인으로서 하프 주자였던 어머니 베르사 멘델손(Bertha Mendelsohn)의 장남으로 태어났다.[3]

칸의 아버지 레오폴드 칸은 1904년 미국으로 이주한 후 1906년에 가족 전체를 미국으로 불러들였다. 칸의 가족이 미국으로 이주한 것은 당시 러시아에서 진행되었던 유대인 박해와 1905년에 발생한 유대인 대학살과 관련이 있다.[4] 칸의 가족은 이런 시대적 혼란 속에서 아버지를 따라 필라델피아의 빈민가에 정착하게 된다.

어린 시절

칸은 아직 미국으로 오기 전이었던 3살 즈음 자신의 집에서 큰 화상을 입는다. 아름다워 보이는 불꽃을 잡으려다 화로의 불이 옷에 옮겨 붙으면서 발생한 일이었다. 공예 기술자였지만 레오폴드는 실제로 고정적인 직업을 갖지 못했고 대신 어머니인 베르사가 재봉사로서 전체 가족의 생계를 책임졌다.

칸은 넉넉지 못한 가정 형편과 내성적 성격 때문에 순탄하지 않은 어린 시절을 보냈다. 더욱이 사고로 입은 얼굴과 손의 화상 때문에 주위 친구들의 놀림거리가 되었고, 이는 칸을 좀 더 깊은 자의식의 세계로 빠지게 했다.[5]

흉터가 있는 흉한 외모에다, 백인 사회에서 유대인으로 살아가는 일의 어려움은 칸을 어렸을 때부터 고독하게 만들었다. 그러나 미술과 음악에서 나타난 칸의 예술적 재능이 불우했던 어린 시절을 극복하는 계기가 된다.

펜실베이니아 시 주최 미술 대회에서 수상할 정도로 실력이 있었던 칸은 시가 운영하는 펜실베이니아 미술 아카데미에서 자신의 능력을 쌓아 나갔고 고등학생 사생 대회에서 1등을 할 정도의 실력자가 되었다. 이러한 칸의 미술적 재능은 이후 그의 스케치 등을 통해 잘 나타난다. 미술뿐만 아니라 음악 분야에서도 재능이 있었던 칸은 이미 10대 시절에 무성영화관에서 오르간 연주로 아르바이트를 할 수 있을 정도의 실력을 갖추고 있었다.

대학 시절

칸은 비록 가난하고 외로운 유년 시절을 보냈지만 공부를 잘했기 때문에 1920년 가을, 이른바 아이비리그로 불리는 미국 동부 명문 대학 중의 하나인 펜실베이니아 대학교에 장학금을 받고 입학하여 건축 공부를 시작한다.

칸이 대학 교육을 받던 1920년대는 유럽에서 근대 건축 운동이 태동기를 지나 막 발전하기 시작하던 때였다. 그렇다고 해서 19세기 말 유럽 건축을 이끌었던 절충주의나 신고전주의 양식이 완전히 힘을 잃은 것은 결코 아니었다. 하물며 문화의 중심지인 유럽에 비하여 마치 변방과도 같았던 미국에서는 프랭크 로이드 라이트(Frank Lloyd Wright) 같은 일부 건축가를 제외하고는 모두 아메리칸 보자르 양식이라 불리는 신고전주의 양식에 매몰되었다. 근대 건축 운동의 중심지인 유럽에서도 1919년 바우하우스(Bauhaus)가 개교하여 근대적 교육을 시작할 때까지 신고전주의 양식에 근거한 교육을 하고 있었다. 따라서 당시 미국 건축 대학이 모두 그러했듯이 펜실베이니아 대학이 보자르식 교육을 하고 있었다는 것은 놀랄 만한 일이 아니었다.[6]

대학에서 칸은 이후 자신의 건축 활동에 큰 영향을 미치는 스승 폴 크레(Paul Cret)를 만난다. 프랑스인으로서 에콜 데 보자르(Ecole des Beaux-Arts) 출신인 크레는 근대 건축의 원리가 아니라 신고전주의 양식을 학생들에게 가르쳤다.[7] 이처럼 당시에는 유럽의 건축이 향후 세계 건축을 주도할 근대 건축으로 나아가고 있던 반면, 미국의 건축 교육은 여전히 과거의 그림자에서 벗어나지 못했다.

칸이 받은 건축 교육은 전형적인 에콜 데 보자르식 교육으로서 정형화된 방법과 과정을 통한 설계 방법론과 비례, 대칭 등 고전 건축의 원리를 중시했다. 따라서 칸은 대학을 졸업한 이후에야 비로소 근대 건축에 대해 알게 되었고, 그 이후부터는 대학 시절의 교육 내용을 의도적으로 외면할 정도로 근대 건축에 관심을 두었다. 특히 근대 건축의 특징 중 하나인 '사회에 대한 건축의 역할'에 큰 관심을 나타냈다. 그렇지만 애써 외면하였던 보자르식 설계 방법은 아이러니하게도 이후 칸이 자신만의 건축을 정립하는 데 큰 영향을 끼쳤다.

스승이었던 크레는 건축의 전체 역사를 통하여 불변하는 건축의 본질이 존재한다고 믿었고, 자연스럽게 고대 기념비적 건축물의 가치를 높이 평가했다. 이러한 점에서 건축의 본질 그리고 기념비적 건축의 가치에 대한 칸의 생각은 그의 대학 시절 스승인 크레의 생각에 힘입은 바가 크다고 하겠다.

대학 시절 칸의 학업 성적은 우수하였다. 그렇지만 최고는 아니었으며, 설계 역시 좋은 성적을 받기는 했으나 자신의 동기

중 최우수 학생은 아니었다고 한다.

사무소 시절, 대공황 그리고 전쟁

1924년에 대학을 졸업한 칸은 여러 사무소에서 실무 수련을 쌓는다. 이때 그가 맡은 주된 역할은 제도사로서 도면을 그리는 작업이었다. 3년간의 수련 기간을 통해 모은 돈으로 칸은 1928년 유럽으로 여행을 떠난다. 이 1년여의 여행 기간 중 칸은 당시 유럽에서 일어나고 있는 근대 건축의 흐름을 접하기는 하였지만 주로 그리스나 이탈리아 같은 고전 건축에 대한 답사가 중심이었다.

당시 칸의 스케치는 방문했던 여행지와 건물이 무엇이었는지 잘 보여 준다. 물론 독일과 같이 당시 근대 건축이 활발했던 곳을 방문했고, 르 코르뷔지에의 사무실에서 일하던 대학 동기 노만 라이스를 만나기도 했다. 그런데도 적어도 이 시기까지 칸은 근대 건축의 영향력에 대해서 크게 인식하지 못했다.

유럽 여행 이후 칸의 사무소 생활은 고난의 연속이었다. 이미 1920년대 중반부터 불경기 조짐을 보였던 미국 경제는 1920년대 말 본격적으로 대공황에 들어선다. 유럽 여행을 마친 후인 1929년, 칸은 자신의 스승이었던 폴 크레의 사무소에 취직하였으나 이곳 역시 사정이 어려워 입사 1년 4개월 만인 1930년 자진 퇴사하였고, 그 이후로는 퇴사 한 달 전 결혼한 아내 처가의 도움을 받는다. 그리고 이후 수년간 취업과 실업을 번갈아 하는 신세가 된다.

이러한 가운데 칸은 비슷한 처지의 젊은 건축가 30여 명과 건축연구회(Architectural Research Group, ARG)를 결성하여 공부와 연구를 병행하였다. 이곳의 활동을 주도하면서 칸은 근대 건축 운동을 수용하게 되었고 이를 활용하는 방안을 모색하였다.

때마침 루스벨트 대통령이 공황 타개책으로 주도한 공공 주거 프로젝트가 필라델피아 시에서도 시작되었고, 칸은 정부의 공공 건축가 고용 프로그램에 따라 몇 개의 프로젝트를 수행할 수 있었다. 특히 1937년에는 미 연방 주택청(United States Housing Authority)이 신설되어 주도한 프로젝트에 참여하면서 건축가로서의 명성을 얻는다. 그러다 미국이 제2차 세계 대전에 참전하자, 칸은 제한된 종류의 프로젝트만을 수행할 수 있었다.

칸은 1940년대에 미국 계획가 및 건축가 협회의 창설을 주도하였고 일반인을 대상으로 하는 도시계획 관련 책을 펴내기도 했다.

칸이 수행한 주거 프로젝트는 대부분 파트너인 스토노로프(Osca Stonorov)에 의해 수주된 것이었다. 그렇지만 몇 가지 사건이 불거져 불화가 발생하자 1947년 스토노로프와 결별하고 독립을 선언한다. 이 독립이 계기가 되어 칸의 작업에서 대규모 주거 프로젝트는 사라졌고 대신 단독주택 프로젝트만 남았다.

칸은 이 기간에 자신의 생각을 정리할 수 있었고, 더 중요하게는 1940년대 중반에서 1950년대 초까지 작업과 삶 양 측면 모두에서 칸에게 큰 영향을 미치는 앤 팅을 만나게 되었다.

자연인 칸의 사랑과 인생 역정

사무소 동료에서 사유의 동반자로: 앤 팅의 역할과 영향

1920년 중국 장시 성에서 선교사의 딸로 태어난 앤 팅(Anne Griswold Tyng)은 1942년 래드클리프 대학교에서 공부하고, 1944년 하버드 건축 대학원에서 석사학위를 받은 미모의 재원으로서 1945년에 칸의 사무실에 입사한다. 그녀는 1973년 독립하기 전까지 28년을 칸과 같이 보냈다. 이후 1975년 펜실베이니아 대학교에서 박사학위를 받았고, 그 이전인 1968년부터 펜실베이니아 대학교 건축 대학원의 외래 교수로 재직했으며, 이외에 미국 유수 대학교에서 학생들을 가르치는 등 이론과 교육에도 뛰어난 능력을 갖추고 있었다.

이렇듯 젊고 유능했던 앤 팅은 1945년 칸의 사무실에 합류한 이후 곧 칸의 눈에 띄어 사생활에서뿐만 아니라 초기 칸의 사고와 작업에도 많은 영향을 미친다.

사실 신고전주의 양식을 배운 칸이 근대 건축에 관심을 돌린 것은 새로운 형태에 의한 것이라기보다는 도리어 근대 건축이 강조한 건축의 사회성에 기인한 바 크다. 1930년대 중반 주택 계획안을 시작으로 하여 1940년대 중반 실제 실현된 공공 프로젝트와 주택 프로젝트를 수행하면서, 칸은 1920년대의 신고전주의 양식을 버리고 대신 구조와 분리된 평면 구성을 보여 주는 근대 건축의 자유로운 평면을 사용하였다. 일부 작업에서는 코르뷔지에나 미스 반 데어 로에 등 대표적인 근대 건축가의 영향이 강하게 나타났다. 이는 달리 말해 칸 고유의 건축이 아직 정립되지 않았다는 사실을 의미하는 것이기도 했다.

이러한 시기에 등장한 앤 팅은 삼각형으로 대표되는 기하학의 건축을 칸에게 소개했다. 앤 팅은 수학과 기하학에 의한 건축 형태에 관심이 많았고 스페이스 프레임(space frame)에서는 선구자적인 작업을 수행했다. 특히 삼각형에 집착이라고 할 정도의 관심을 보였던 앤은 삼각형을 3차원으로까지 확장시킨다.

칸은 앤의 아이디어를 자신을 세상에 널리 알리게 만든 건축물인 예일 대학교 미술관의 삼각형 천장 슬래브에 적용한 후, 1950년대 자신의 건축 전체에 사용했다. 이 중 1957년에

발표한 시티 타워 계획안에서의 사용은 주목할 만한 것이었다.

그러나 칸은 무성격의 삼각형이 평면과 구조 등 건축 전체를 지배하는 앤 팅의 접근 방법에 숨어 있는 한계를 깨달았다. 1960년 초 GM 파빌리온 프로젝트와 브린모어 대학교 기숙사에서는 앤 팅의 안을 거부했다. 그리고 공교롭게도 이때는 이후 칸의 새로운 연인으로 발전하는 해리엣 패티슨(Harriet Pattison)이 등장하는 시기이기도 했다. 그렇지만 앤 팅에 의해 제기된 단위 공간에 대한 인식과 구축의 문제는 칸의 이후 건축 사고에 지속적인 영향을 주었다.

이렇듯 1950년대 앤 팅이 칸의 건축에서 대단한 역할을 했던 것은 사실이다. 하지만 정작 앤 팅 자신은 스스로의 영역과 그 한계를 벗어나지 못했고 칸은 한계를 넘어 스스로의 사고를 정립해 나갔다. 어느 정도 정립되기 시작한 자신의 건축적 사고에 앤 팅이 더 이상 도움을 주지 못한다는 것을 깨달은 칸은 앤과의 결별을 생각하게 된다.

결혼과 사생활

자연인으로서 칸의 사생활은 상당히 복잡하였다. 본 부인이 있는 상태에서 직장 동료와 사랑에 빠져 아이를 두었고, 또 다른 여직원과 사귀기도 했다. 세 명의 여인 사이에서 각기 다른 3명의 자녀를 두었으니 결과적으로 서로 다른 세 개의 가정을 꾸린 셈이었다.

칸은 1930년 4살 연하의 에스더 이스라엘리(Esther Israelli)와 결혼했다. 에스더 외에 칸과 관련된 여인 중 한 명은 앞에서 이미 살펴본 앤 팅으로서, 1945년 부하 직원으로 시작하여 동료 건축가이자 연인 관계로 발전한다. 1950년대 칸의 건축적 사고와 작품에 지대한 영향을 미친 앤은 1953년 칸의 아이를 임신하자 세인의 눈을 피해 로마로 도피하여 1954년 딸 알렉산드라를 출산한 후 귀국한다. 이 시기의 칸과 앤 팅의 관계는 칸의 편지를 책으로 엮은 『루이스 칸이 앤 팅에게: 로마 서신 (Louis Kahn to Anne Tyng: The Rome Letters, 1953~1954)』에 잘 나타나 있다.

책에서 칸은 당시 자신의 건축적 사고에 대해 앤 팅과 논의하는데, 이는 당시 칸의 건축에서 팅의 위치가 어느 정도였는지를 암시한다. 칸은 앤 팅에 대한 관심이 줄어든 후에도 1973년까지 25년간 자신의 사무소에서 앤 팅과 같이 지냈다.

칸은 본부인인 에스더에게서 수 앤 칸(Sue Ann Kahn, 1940~)을, 앤 팅과의 사이에서 딸 알렉산드라 팅(Alexandra Tyng, 1954~)을 낳았고, 또 다른 여자인 해리엣 패티슨과는 아들 나다니엘 칸(Nathaniel Kahn, 1962~)을 두었다. 마치 영화의 한 장면과도 같이, 이 셋은 아버지의 장례식이 되어서야 비로소 모두 같이 만나게 된다.

이 중 건축가 벤츄리가 칸에게 소개해 주었다는 조경 건축가 해리엣 패티슨은 1959년부터 칸의 사무소에 취직하여 직간접적으로 칸과 관계를 맺는데, 이 시기는 칸과 앤 팅 사이가 소원해진 때이기도 하다. 나다니엘은 사생아였고 칸은 공식적으로 한 번도 자신의 아들을 밖으로 알린 적이 없었다. 패티슨은 칸의 본부인 그리고 앤 팅과의 관계를 알면서도 칸과 사랑에 빠졌다. 무책임한 칸은 본부인과의 관계를 지속적으로 유지했고, 패티슨이 자신의 아들을 혼자서 기르도록 방치했다. 반면, 패티슨은 칸이 결과적으로 자신을 버렸는데도 불구하고 다른 남자를 만나지 않고 평생을 홀로 살았다. 사무실에서 패티슨은 킴벨 미술관 및 코먼 주택의 조경을 담당하였고 킴벨 미술관에서는 형태까지 관여하는 등 칸의 작업에 영향을 미쳤다고 전해진다.

알렉산드라 팅은 부모의 예술적 재능을 이어받았는데, 하버드 대학교에서 학사, 펜실베이니아 대학교에서 석사학위를 마친 후 풍경 및 초상화가로 활동하고 있다. 특히 그녀의 저서 『루이스 칸의 건축 철학(Beginnings: Louis I. Kahn's Philosophy of Architecture)』은 아버지인 칸의 건축과 철학에 관한 것으로서 그녀의 하버드 졸업 논문을 기반으로 만들어진 작품이다.

칸이 죽던 해 11살이었던 나다니엘 칸은 유명인의 사생아로서 잊혀진 자신의 존재에 대해 회의를 품는다. 예일 대학교에서 장학금을 받고 수학한 나다니엘은 극작가 및 연출가로서 활동하다가 영화제작자로 변신한다. 환경과 관련된 단편영화를 제작하여 에미상 후보에 오르기도 하였다.

나다니엘은 아버지 칸을 소재로 만든 다큐멘터리 영화 〈나의 건축가(My Architect)〉로 2003년 아카데미 영화제 후보에

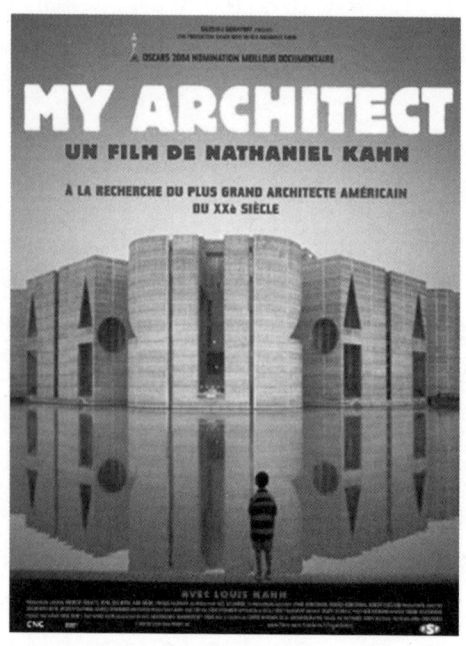

〈나의 건축가〉 포스터.

지명되었는데, 이 영화는 아버지의 건축을 찾아 전 세계를 돌아다니며 관련된 사람들의 이야기를 들으면서 아버지를 이해하게 되고 결국은 자신의 존재를 확인한다는 내용을 담고 있다.

길고 긴 수련 과정:
　　　당시에 당신은 무엇을 하고 있었소

20대: 처음부터 위대하지는 않았다

　누구나 그러했겠지만, 칸의 20대는 평범 그 자체였다. 유명 대학을 나와 설계 사무소에 취직하여 실무 작업을 했다는 것 이상의 특이한 사항은 없다. 말 그대로 자신이 대학에서 배운 방법 그대로를 실무에 적용해 보는 시기였다.

　1926년 필라델피아 150주년 기념 전시회를 위한 칸의 스케치는 보자르식의 신고전주의 양식으로서 건축 방법에서 큰 변화가 없었음을 보여 준다. 1년여에 걸친 유럽 여행에서 근대 건축의 움직임을 알게 되었지만 그의 사고에는 큰 영향을 미치지 않은 것으로 보인다. 어쩌면 이후의 시간을 위한 준비 기간이 될 가능성이 높았던 시기지만 불행하게도 경제 대공황을 맞아 그 기회는 거의 사라지고 말았다.

30대: 어려움 속에서 길을 찾다

비록 살아남기 위한 몸부림의 일환이기는 하였으나, 칸은 자신을 실직으로 내몬 1930년대의 극심한 경제 상황을 도리어 스스로를 돌아보고 앞으로의 방향을 모색하는 계기로 삼았다. 즉 상황에 굴복하기보다는 타개할 방법을 찾았던 것이다.

지인들을 모아 결성한 연구회나 전문 잡지 활동을 통해 보자르 양식을 버리고 근대 건축을 채택했으며, 실무적인 사항들도 습득하는 계기로 삼았다. 정작 할 일이 많지 않았기 때문에 당시 상황을 비판적으로 살펴볼 수 있었고, 이념적 그리고 실질적으로 근대 건축을 받아들일 수 있었던 것이다. 특히 공황을 타개하기 위한 공공 정책의 일환으로 추진된 주거 건축은 근대 건축의 이념과 특성을 시험할 수 있는 사례였다. 이렇듯 칸의 30대는 어려움 속에서도 새로운 방향을 설정하고 스스로를 단련해 나가던 시기라 할 수 있다. 그렇지만 건축가로서의 작업은 여전히 미미했던 시기였다.

40대: 여건의 성숙

칸은 40대 초반에 공공 주거를 중심으로 프로젝트를 수행하였고 이것은 전형적인 근대 건축의 수법으로 진행되었다. 이 시기는 아직 칸 고유의 건축적 생각은 발현되지 못하던 때였다. 그렇지만 지속적인 프로젝트 수행을 통하여 자신의 아이디어를 적용할 수 있는 계기를 만들 수 있었다. 특히 1947년 자신만의 사무소를 개설하면서 이전에 비하여 비록 프로젝트의 규모나 수는 줄었으나 스스로의 생각을 만들어 내는 데에는 충분한 조건을 갖추게 되었다.

또한 1948년부터는 예일 대학교의 교수가 됨으로써 교육을 통한 스스로의 사고 정립 시간을 확보할 수 있었다.[8] 비록 세상에 이름을 날리지도, 뚜렷한 작업을 남기지도 못했으나, 칸의 40대는 이후 작업을 위한 여러 여건이 성숙되기 시작한 시기였다.

50대: 자신의 사고를 정립하다

칸의 사고가 정립되기 시작한 것은 그의 유럽 여행과 밀접한 관계를 갖고 있다. 이 중 1951년의 여행은 좀 더 중대한 의미를 갖는다. 1951년이라는 시점은 칸이 자신의 이론을 정립하기 시작했던 때이며, 명확히 말하면 여행에서 얻은 것들이 이론 정립에 크게 기여했기 때문이다.

1950년 12월부터 1951년 2월까지 칸은 로마 소재 아메리카 아카데미에 재외 건축가 자격으로 참여했다. 특히 1951년 1월부터 한 달에 걸친 이탈리아, 그리스, 이집트로의 여행은 자신만의 스타일을 형성하는 기폭제가 되었다. 그중에서도 이탈리아의 유적과 폐허를 방문하면서, 기본으로 돌아간다는 그의 방법론이 근대 건축 운동에 영향을 받은 자신의 건축을 한 단계 발전시키는 데 결정적인 역할을 한다.

칸은 당시 유럽 건축 기행을 통하여 고대 건축의 유적이 보여 주는 강력한 존재감에 감탄을 금치 못했고 이러한 존재감이 바로 재료와 구축 방법 및 과정에 있음을 깨닫는다. 칸은 이러한 존재감을 현대 건축에 구현하기로 결정하는데 과거 건축과는 달리 현대의 재료와 구법(構法)을 통하여 이를 구현하는 방법론적 접근을 시도한다. 그 결과 칸 건축에 있어서 건축 존재의 기본이 되는 구조는 항상 중요하게 취급되었다.

60대 이후: 끝없는 진화

칸이 위대한 이유는 자신의 생각에 머무르지 않고 이를 끊임없이 진화시켰다는 데 있다. 실제로 칸의 생각은 실질적인 디자인, 건설의 문제 등을 통하여 발전했다. 좀 더 많은 프로젝트를 수행하면서 다양한 문제에 대해 생각하게 되었고 그것을 정리해 나가면서 동시에 자신의 건축적 사유도 좀 더 성숙해졌던 것이다. 즉 처음의 생각을 버리지 않고 이후 계속 발생하는 문제를 해결함으로써 처음의 생각이 더욱더 발전할 수 있었다.

이것이 당시의 건축 풍조에 사로잡혀 자신의 생각을 발전시키지 못한 다른 건축가들과 칸 사이에 있는 차이점이자 칸의 위대함을 보여 주는 점이라 할 수 있다.

칸의 건축 철학: 그는 무엇을 생각했나

    칸의 건축이 보여 주는 일관성은 기본 구상 단계에서부터 칸의 생각, 즉 그의 건축 철학과 이론이 반영되기 때문에 드러난다. 그렇다고 해서 그의 건물들이 모두 천편일률적으로 보이지는 않는데, 이는 칸이 각 프로젝트의 구체적 문제에 대해 독특한 해결 방법을 제시했음을 의미한다.

    칸의 건축적 사고와 건축 개념은 비록 추상적이고 철학적으로 보이지만, 실제 설계 작업 과정에서 드러난 현실적이고 구체적인 문제점을 해결하기 위해 발전된 것들이다. 칸은 이러한 작업 과정을 통하여 해결해야 할 주제를 명확하게 대상화했고, 이를 해결해 나가면서 자신의 건축적 사고를 지속적으로 발전시켰다. 이렇듯 루이스 칸의 건축적 사고와 작업은 자체의 철학적 의의뿐만 아니라 실질적인 건축 구현에 직접적으로 연계되어 있기 때문에 더욱 큰 의의를 갖는다고 할 수 있다. 칸이 강조한 구조적 표현 역시 '건물은 이러해야 한다'라는 본인의 건축 철학을 구체적으로 구현한 결과로서, 외형적인 측면뿐만 아니라 내부 공간에도 일관성을 갖고 적용하고 있다는 점에 주목할 필요가 있다.

칸 건축은 왜 어려운가

칸의 건축은 어렵다고 한다. 방글라데시 의사당 건물이나 인도 경영연구소와 같은 소수의 건물을 제외하고는 그렇게 규모가 커서 복잡한 것도 아니고, 외부의 모습이 난해한 것도 아닌데 말이다. 평면이나 단면 역시 명쾌하고 논리적이다. 그렇다고 해서 한 번에 그의 건축을 이해하는 것은 불가능에 가깝다. 단순하지만 빈약하지 않고, 명쾌하지만 결코 가볍지 않다. 더욱이 빛과 공간을 상호 연결시켜 감동적인 분위기를 연출하는 것은 칸 건축이 보여 주는 깊은 묘미 중의 하나이다.

무엇이 그의 건축에 깊이와 품격을 제공하였는가? 어쩌면 그것은 당대에 유행하던 건축을 따르기보다 건축의 본질을 부단히도 추구한 노력의 결과가 아니었을까? 사실 그의 건축이 보여 주는 무게감과 신비스러움은 자신의 건축을 설명하는 이론이나 말과 어울려 칸 건축을 이해하는 어려움을 배가시킨다.

그렇지만 그의 건축과 이론은 사실 어떻게 건축에 구체적으로 적용할 것인지를 고민하는 과정 또는 실제 건축물로 구현하는 과정에서 구체적으로 부딪히는 문제를 해결해 가면서 발전한 것이다. 더욱이 칸 건축에서 나타나는 공간 특성은 외관과 별개의 것이 아니라 외부와 내부, 공간과 구조, 이론과 실체가 통합된 체계의 한 부분이다.

따라서 그의 사유가 무엇으로부터 시작되었는지, 그리고 어떻게 변화하였는지, 또 어떻게 형태, 공간, 구조, 빛 등 건축의 각 부분에 적용되었는지를 차례로 살펴보는 일이야말로 그의 건축을 이해하는 지름길이 되리라고 본다.

건축의 본질을 묻다: 건축의 존재에 대한 생각

근대 건축의 논리가 국제주의 양식이라는 이름으로 전 세계를 휩쓰는 동안에도 칸은 스스로의 건축 원칙을 설정하고 발전시켜 나갔으며 또한 이를 실천하려고 노력했다.

칸이 자신만의 건축을 지속할 수 있었던 것은 그 무엇보다도 건축의 존재에 대한 근본적인 문제인 '무엇이 되고자 하는가(what it wants to be)'와 그 과정인 '어떻게 이루어졌는가(how it was done)'에 대한 끊임없는 질문을 해 나갔기 때문이었다. 이러한 질문에 대한 칸의 생각을 알아보는 것이 바로 칸 건축을 이해하는 지름길이다.

이미 앞에서 살펴본 바와 같이 칸은 대학에서 보자르식 교육을 받았지만 이후 근대 건축의 논리에 따라 작업을 수행했다. 그리고 자신의 건축을 찾기 시작한 때부터 기존의 선례나 건축 원리를 맹목적으로 따르기보다, '건축 존재와 본질'에 대한 의문을 통하여 자신의 건축 논리를 발전시켜 나갔다.[9]

칸은 질문을 통해서 건축이 스스로의 진솔한 모습, 즉 자체의 존재를 부각시킨다고 주장한다. 예를 들어 칸은 이렇게 말한다.

> "건축가는 단순히 건축의 선례를 반복하고 정해진 양식과 시설의 프로그램으로 그 시설을 제공하는 사람이 아니다. 건축가들은 스스로에게 건축에 대한 근본적인 물음을 던지고 건축의 새로운 변화를 도모하여야 한다."[10]

즉 어떠한 특정 기능과 프로그램은 단순한 물리적 기준의 하나일 뿐 건축의 본질과는 거리가 있다는 것이다. 또 다음과 같이 반문하여 본질의 중요성을 상기시키고 있다.

> "인간은 어떤 사물을 디자인하기 전에 자신의 내부에 있는 무엇인가를 자각해야만 한다고 생각한다. 많은 건축가가 현실적인 디자인에만 의지하고 있다. 문제의 해답인 디자인을 전개하기 전에 어떤 사물 자체의 존재 의지에 대해 사유하는 방식을 신뢰하는 사람은 거의 없다."[11]

그렇지만 칸이 돋보이는 점은 그의 사유가 결코 추상적인 수준에 머무르지 않았다는 데에 있다. 칸의 질문은 구체적인 건축 재료[12]에까지 연결될 만큼 구체적이고 실천적인 것이어서 추상적 개념의 존재를 구체적인 건축으로 가시화시키는 실천력을 갖고 있었다. 바로 여기에 칸 건축이 갖는 교훈과 중요성이 있다.

칸의 건축 이론

오더와 폼 개념

앞에서 언급하였듯이 칸은 자신의 건축 이론을 전개하기 위하여 건축의 본질에 대해 탐구하였다. 이를 위해 맨 처음 시작한 작업은 건축의 사물의 근본적인 오더(질서, Order)를 찾는 것이었다. 이는 사물의 오더를 발견하는 것은 바로 건축의 본질과 존재에 가까이 가는 방법이라고 생각했기 때문이다.

사물의 오더에 대한 생각은 좀 더 진전되어 이후 칸은 사물의 오더에서 공간의 오더에 대한 질문으로 방향을 전환한다. 이러한 사유를 통해 시대를 초월하여 감동을 제공하는 건축의 강력한 힘이 당대의 재료를 적절히 사용하여 표현한 공간의 '오더'에 있다고 결론지었다. 특히 예일 대학교 미술관의 설계에서부터 현대의 재료와 구법이 가진 특성을 주의 깊게 고찰하여 '오더' 개념을 원리적으로 조합하는 방법론을 전개했다.[13] 그럼으로써 시설의 근본적 성격을 유지하는 상태에서 개별적이고 구체적인 방법을 제시할 수 있었다.

이러한 오더의 원리에 대한 끊임없는 질문과 추구는 비록 그 자체로서 해답에 이르지는 못하였다. 하지만 그의 건축적 사고를 풍부하게 만들었다. 즉 사물의 오더를 찾는 과정에서 문제를 규정하고 해결하는 방법에 대해 많은 생각을 할 수 있었던 것이다.

이후 오더의 개념을 좀 더 건축적 측면에서 구체화한 것이 바로 폼(Form) 개념이다. 폼은 오더의 주제인 '사물이 존재하는 질서'를 뛰어넘어 '공간이 되고자 하는 바' 혹은 '건축의 존재'에 대한 물음이다. 즉 사물이라는 일반에서 벗어나 건축이라는 구체적 존재에 대한 근본적인 성격을 규명하려는 개념인 것이다. '건축의 존재에 대해 사유하는 방식'으로 전환함으로써 칸은 좀 더 종합적인 의미의 건축적 방법론을 발전시킬 수 있었다. 즉 구체적인 조건에 대응하는 개별적, 부분적 해법이 아니라, 그 시설의 가장 근원적인 상태를 탐구하여 건축적으로 해결하는 것이다. 칸은 이러한 방법이 건축 설계 행위의 핵심이라고 간주했다. 이때 구조는 시설 및 공간을 형성하는 기본 체계가 되므로 규정된 시설에 적절한 구조 체계와 방법을 선택하는 것이 바로 폼 개념의 가장 기본적이며 중요한 문제로 작용했다.

이렇듯 칸은 건축가의 의지가 아니라 거꾸로 건축 재료를 포함한 모든 사물의 존재 의지를 강조했다. 이를 통해 현대 건축이 수행해야 할 작업은 새로운 재료인 철근콘크리트 구조의 논리에 따라 공간을 구성하고 그 구축 과정을 찾는 일이 되었다. 그는 이러한 작업을 발전시킴으로써 현대에 적합한 새로운 오더를 만들어 낼 수 있다고 믿었고[14] 폼 개념을 통해 실제 설계 작업에 적용할 수 있었다.

룸 개념

칸에게 있어서 '룸(Room)'은 단순한 의미의 '방' 그 이상이다. 이미 살펴본 다른 용어도 그러했지만 칸은 보통 사용하는 단어에 자신만의 특유의 의미를 부가하였다. 칸에게 룸은 건축을 구성하는 기본단위가 된다. 기본단위가 되기 위해서는 몇 가지 조건이 갖추어져야 하는데 칸은 룸이 되기 위한 조건으로 '독립된 구조와 빛을 갖는 공간'을 들고 있다.[15]

건축의 룸 개념이야말로 존재 및 본질에 대한 개념적 차원의 생각을 실제 건축으로 구현시키기 위해 칸이 사용한 실질적인 도구다. 칸은 룸을 설명한 스케치에서 "룸은 건축의 시작이다. 그것은 마음의 장소이다."[16]라고 규정한다.

칸의 룸 개념이 갖는 건축사적 의의는 이른바 시공간 개념에 의거한 운동감을 중시하고 구조와 공간을 분리시킨 '유동공간(flowing space)'으로 대표되는 근대 건축의 공간 형식과 달리 기하학에 근거한 구조와 공간의 통합체 개념을 주장했다는 점에 있다.

그 결과 칸이 주장하는 건축 공간의 본질은 구조와 빛에 의해 한정되는 단위 공간인 '룸' 개념으로 대치된다.[17] 칸의 말을 빌리자면 이렇다.

> "건축 공간은 내부 자체에서 그 구축 방식의 특성을 드러내지 않으면 안 된다. …… 어떤 구조를 선택할까 하는 문제는 형태에 공간을 주었기 때문에 어떤 빛을 선택할까 하는 문제와 같은 의미이다."

더 나아가 그는 다음과 같이 주장한다.

> "실제로 구조는 빛의 창조자이다. 여러분이 구조를 결정하게 되면 여러분은 빛을 결정하고 있는 것이다. 오래된 건물 속에서 기둥들은 빛과 어둠의 관계에 대한 표현이었다. 룸의 구조는 룸 그 자체에서 명확하여야 한다. 구조는 빛의 제공자라는 사실을 믿는다. 정사각형 룸은 정사각형을 파악하기 위하여 그 자체의 빛을 필요로 한다. 창문이나 현관에 따라 위로부터 혹은 네 측면으로부터 빛이 들어오는 것이 기대된다."[18]

이때 룸은 구조에 의하여 한정되는 완결적인 공간의 단위이며 자연광에 의해 결정체적인 질을 갖고 있는 공간을 의미한다. 이러한 이유에서 칸의 건축은 시설의 본질에 적합한 룸의 선택과 이들의 적절한 조합에 의한 전체를 구성하는 작업이 된다. 룸 개념을 정립한 이후 칸의 건축에서는 공간의 단위와 구조의 단위가 일치할 뿐만 아니라 구체적인 형태까지 연결된다. 바로 이것이 최소의 공간 단위를 구조의 단위와 일치시킨 '룸 개념'의 결과이다.

봉사하는 공간과 봉사받는 공간 개념

칸은 공간을 '봉사하는 공간(Servant Space)'과 '봉사받는 공간(Served Space)'의 두 가지 종류로 나눈다. 주 공간 혹은 봉사받는 공간 등으로 소개되는 'Served Space'는 건물의 주요 기능을 수행하는 공간이다. 이에 반해 부 공간 또는 봉사하는 공간의 의미를 갖는 'Servant Space'는 주 공간이 제대로 기능을 수행할 수 있도록 도움을 주는 공간이다. 이를테면 계단이나 화장실이나 각종 냉난방 파이프 및 기계 설비 등이 자리 잡는 공간이다. 대체로 이러한 부분은 드러나지 않도록 천장 등을 통해 가리는 것이 그동안 건축 분야에서 행해지던 방법이었다. 물론 현대에서는 도리어 이러한 부분을 의도적으로 노출하고 강조하는 소위 '하이테크(Hi-Tech) 건축'도 등장했지만 칸이 활동하던 시기에는 아직 하이테크 건축이 전면에 등장하지 않았다.

그런데도 칸은 그동안 숨겨져 왔던 부분에 고유의 공간을 배정하였다. 따라서 이들 공간은 그동안 숨겨져 왔던 자신만의 존재를 'Servant Space'라는 이름으로 부여받는 것이다. 이로써 칸 건축에 있어서 '봉사하는 공간'은 자신의 역할에 관계없이 의도적으로 숨기거나 은폐되는 것이 아니라, 자신만의 공간을 갖게 됨으로써 문자 그대로 존재하게 된다.

건축 과정의 강조

칸은 건축의 과정이 건축의 결과물인 건물만큼이나 중요하다고 보았기 때문에 건물이 이루어지는 과정에서 만들어지는 흔적들을 감추거나 없애지 않고 도리어 의도적으로 이를 강조했다. 왜 그랬을까? 이는 구조 체계를 보여 주어 건물의 존재를 확인시킬 뿐만 아니라 그 형성 과정까지 보여 줌으로써 건물 자체의 존재를 더욱 강조하려는 의도에서였다.

예를 들어 콘크리트 형성 과정을 보여 주듯 거푸집 고정물(form tie)을 그대로 치장으로서 남겨 두거나, 거푸집 이음매 부분을 일부러 V 자 형태로 잘라서 거푸집 이용 사실을 표현하고 콘크리트를 이어치기한 부분의 흔적을 남긴다.[19]

이렇듯 칸은 구조적 실체, 구조 단면, 축조 과정의 연결부(construction joint)나 흔적을 외부로 노출시켜 모든 축조 과정을 보여 준다. 그럼으로써 그 흔적을 그대로 건축적 표현으로 변환하고 하나하나에 적절한 특성을 부여하여 그 의미를 정직하게 있는 그대로 나타낸다. 즉, 건설에 사용된 도구의 흔적을 남겨서 그 과정을 표현하고 제작 과정을 노출시켜 그 생산방식을 드러냄으로써 '건설의 사실'을 보여 준다. 나아가 여기에 디테일, 물성 등을 통하여 구축 과정의 의미와 건물 자체의 존재방식을 표현한다. 결국 칸이 과정을 중요시한 이유는 바로 건축물에 자체의 생성 기록을 남김으로써 건물의 존재를 확인시키기 위해서였던 것이다.

칸 건축과 구조에 대한 접근

구조의 의미

칸에게 있어서 구조가 중요한 이유는 바로 구조가 건축의 본질, 즉 건축이 존재하기 위한 전제 조건이기 때문이다. 따라서 구조는 모든 사람이 알아볼 수 있어야 하며 동시에 칸 자신이 생각하는 적절한 방법으로 표현되어야 했다. 스스로 어떻게 서 있는가를 알려 주지 않는 건축에 대하여 칸은 "구조를 숨기는 디자인은 이러한 함축적 질서 속에 존재하지 않는다. 그러한 디자인은 예술의 발전을 퇴보시킨다."[20]라고 비판한다. 이를 통해 구조가 단순히 건물의 지지체임을 넘어 자신의 건축 개념과 철학을 드러내는 중요한 부분임을 강조하는 것이다.

칸은 외부 형태에서는 물론이고 내부 공간에서도 가식적이거나 부가적인 사항은 모두 배제하고 본질만 남기려 하며, 이는 구조의 노출, 재료 물성의 강조 등을 통하여 표현된다.

이러한 이유로 구축 및 구조에 대한 칸의 관심은 건축의 본질과 존재를 구현하는 방법으로서 자신의 건축적 사고를 전개하고 발전시켜 나아가는 데 중심적인 주제로 작용했다. 또한 계속해서 공간을 형성하는 구조에서 '어떻게 만들어졌는지'를 드러내어 건축의 본질과 존재를 시각화해야 한다는 생각을 다양한 방식으로 탐구하고 실험하는 데 집중했다.[21]

그렇다면 이러한 구조는 어떠한 재료로 이루어졌는가? 칸에게 있어서 구조를 진실하게 보여 준다는 것은 구조에 맞는 재료를 사용해야 함을 의미한다. 그러므로 칸은 재료와 구조 간의 관계에 있어서 단순히 재료의 성질을 합리적으로 이용하는 것을 넘어 이를 건축의 존재와 의미로까지 확장시켰다.

따라서 구조체를 이루는 재료는 이를 구조적 표현과 연계시키는 방법을 사용했다.[22] 즉, 구조를 구성하는 재료의 성질을 최대한 이용하여 구조 체계를 만들고 이를 표현 요소로 사용했던 것이다. 또 더 나아가 그가 지속적으로 주장했던 '건축의 본질'에 적합한 구조를 찾아내고 표현하려고 노력했다. 이러한 점이 적어도 구조 방식에서 다른 근대 건축가와 칸을 구별하는 점이라 할 수 있다.

구조와 재료

구조와 관련하여 칸이 사용한 대표적 재료는 벽돌과 콘크리트였다. 이 중 벽돌 구조에 대한 칸의 관심[23]은 1951년 로마 여행을 통해 받았던 감동이 반영된 것이다. 특히 칸이 관심을 두었던 것은 고대 벽돌 구조가 보여 주는 구축 방식과 표현이었다. 칸에게 벽돌의 사용 법칙은 명확했다. 즉, 그가 주목한 것은 작은 단위의 물체가 쌓임으로써 생성되는 축조 과정과 그 구조가 갖는 힘의 흐름을 최대한 강조하는 것이었다.[24]

칸은 벽돌과 같은 전통적 재료뿐만 아니라 근대 건축의 대표적 재료인 콘크리트를 많이 사용했다. 그런데 벽돌과 달리 콘크리트는 선례가 없었다. 따라서 칸은 콘크리트의 성질을 이용하여 마치 과거 벽돌의 사례에서 그러했던 것처럼 축조 과정을 보여 주고 벽면에 질서를 부여하는 방법을 고안해 냈다. 칸은 콘크리트에 다른 재료를 덧붙이거나 색칠을 하지 않고 콘크리트의 있는 그대로를 나타내려고 노력했다. 그래서 콘크리트 거푸집으로 형성되는 줄눈과 점을 숨김없이 보여 주고 많은 경우 의도에 따라 줄눈과 점을 의도적으로 강조했다. 더 나아가 건설 과정에서 발생한 흠집이나 잘못된 사항도 수정하거나 은폐하지 않고 그대로 놔두었다. 이 모든 것이 콘크리트의 성질을 최대한 이용하여 구조 체계와 형성 과정을 보여 줌으로써 건축의 본질, 즉 존재를 나타내고자 한 의도에서 비롯되었다.

구조와 디테일

칸은 건물을 만들어 감에 있어서 뼈대가 되는 구조와 각 세부 사항(detail)에 대한 것들을 특히 강조했다. 앞에서 살펴본 바와 같이 실제적인 건물이 만들어지기 위해 구조의 강조는 필수적인데, 이는 구조를 통해 공간과 형태가 형성되기 때문이다. 칸은 구조를 노출시키고 강조하는 동시에 건축의 존재를 위한 표현의 요소로 사용했다. 그런데 칸은 왜 구조와 같이 필수적 문제뿐만 아니라 세부 사항에도 큰 관심을 가졌던 것일까?

구조는 건물을 지탱하지만 이러한 구조 역시 각각의 부재들이 결합된 것이다. 따라서 이러한 부재들이 어떻게 결합되어 전체를 구성하고 있는지는 칸에게 매우 중요한 문제다. 칸에 의하면 이렇듯 결합된 부재는 드러내어야 하고 숨기지 말아야 한다. 왜냐하면 결합되어 있는 모든 부재와 그 체계를 드러내어야 자신의 존재를 알릴 수 있기 때문이다.

따라서 '어떻게 만들어졌는가(how it was done)'는 결합부에서 드러나며 이 결합부는 그 사물의 존재를 나타낸다. 즉 부재와 부재 간, 그리고 사물과 사물 간의 연결부는 바로 이러한 사물들이 가진 각 독립된 부재들의 '존재'가 드러나는 장소가 된다.[25]

이러한 이유 때문에 일반적으로 공간 구성에서 거론되는 장식과 관련된 사항들이 칸의 건물에서는 적용되지 않는다. 왜냐하면 칸에게는 장식의 의미가 건물 전체를 단순화한 다음 그

위에 '치장하는 것'으로 덧붙이는 일이 아니기 때문이다. 그는 장식이란 재료와 재료가 접합되는 이음매 부분의 디테일이 그대로 악센트로 되는 것이라 생각했다.[26] 또한 칸은 포스트텐션 프리캐스트(post-tension precast) 콘크리트 구조를 사용하여 형태뿐만 아니라 시공 방법에서도 구축적인 가구식(架構式) 구조를 구현한다.

칸 건축의 공간을 규정하는 빛

칸에게 있어 빛은 무엇인가. 공간은 기본적으로 구조에 의해 만들어지고 빛에 의해 인지된다. 빛은 공간의 존재를 위한 기본 조건일 뿐만 아니라 공간의 성격을 명확히 만들어 준다. 따라서 칸에게 공간, 구조, 빛은 떨어져서 생각할 수 없는 것들이다. 이러한 구조와 빛의 관계는 앞에서 살펴본 구조와 공간 및 빛의 구성단위인 '룸' 개념에 잘 드러난다.

구조에 의해 만들어지는 공간은 자연광에 의해서 좀 더 명확히 인지된다. 칸은 건물에 자연광을 받아들일 때 구조를 통해 도입하는 방식을 시도하였는데, 이는 의도하는 공간의 본질과 존재 이유를 명확히 밝히기 위함이다. 따라서 측광창, 고측창 등 기존의 형식을 발전시켜 사용하거나, 공간의 성격에 맞도록 스스로 고안한 다양한 형태의 구조와 개구부를 사용했다. 그리고 건물의 성격에 맞는 빛의 밝기, 부드러움의 정도를 조절하여 공간의 성격을 극대화하는 방향으로 발전시켰다.

구조가 만들어 내는 기하학적 형상과 공간은 빛의 유입을 더욱 강조한다.[27] 칸은 대다수의 계획에서 바닥에서 지붕층까지 열려 있는 큰 공간, 소위 아트리움을 즐겨 사용했다. 그리고 이러한 대공간에는 예외 없이 빛을 사용하여 공간 특유의 분위기를 연출했다. 즉 구조적으로 미리 계획해서 고안한 천창이나 고측창을 통해 자연광을 효과적으로 유입시켜 구조, 공간, 빛이 통합되어 실현되고 있음을 보여 준 것이다.

칸은 다음과 같이 주장한다.

"구조물은 빛 속의 디자인이다. 볼트, 돔, 아치, 기둥 등은 빛의 특성과 관련된 구조물이다. 자연광은 한 행의 계절들과 그 계절에 있어 하루의 어느 시간 속에 존재하는 빛이 공간 속으로 들어가 그 공간을 조절하는 빛의 감도에 의해 공간에 분위기를 제공하는 것이다."[28]

다시 말해 그는 구조, 빛, 공간 간의 관계를 설명하고 이들이 통합되어 설계에 반영되어야 함을 강조하는 것이다.

본격적인 칸 건축의 시작:
예일 대학교 미술관

 타 예술 분야와 달리 건축에서는 젊은 나이에 명성을 떨치기가 어렵다. 건축이라는 분야가 워낙 많은 분야의 도움을 필요로 하며 또한 실제 건물로 실현되기 위해서는 경제적 조건도 충족되어야 하기 때문이다. 물론 자신만의 건축을 만들어 내기 위해 필요한 기간을 제외하고서도 말이다. 따라서 같은 예술 분야라 할지라도 개인의 재능과 노력 여하에 따라 일찍 유명해질 수 있는 음악이나 미술과는 근본적으로 다르다. 그렇지만 아무리 타 예술 분야보다 늦다고 해도 대부분의 유명 건축가들은 대체로 30대에 스스로의 길을 찾고 40대가 되면 왕성한 활동을 시작하기 마련이다. 그러한 점에서 보면 비록 경제공황의 영향으로 상당 기간 작업을 할 수 없었다는 제약을 받았지

예일 대학교 미술관 전경.

만 칸의 본격적인 건축계 데뷔가 그의 나이 50대가 되어서부터라는 것은 매우 이례적이지 않을 수 없다.

우리가 가장 먼저 살펴볼 예일 대학교 미술관(Yale University Art Gallery, 1951~1953)은 30대에서 50대까지의 칸의 사고가 스며들어 있다. 물론 이 미술관에 대한 비판적 내용이 많다는 것은 아직 그의 사고가 성숙되어 있지 않음을 반증한다. 하지만 확실한 것은 칸이 그 누구보다도 자신의 생각을 건물에 관철시키려고 부단히도 노력했다는 점이며, 또 거기에 그치지 않고 지속적으로 발전시켰다는 점이다.

건물 둘러보기

예일 대학교는 이른바 아이비 리그(Ivy League)라고 일컬어지는 미국 동부 명문 대학 중 하나로서 코네티컷 주 뉴헤이번 시에 위치한다. 대부분의 미국 대학이 그러하듯이 예일 대학교 역시 전형적인 대학 도시의 모습을 갖추고 있다. 즉 대학을 중심으로 도시가 이루어져 있기 때문에 도시와 학교는 별다른 구분을 필요로 하지 않는다.

다른 오래된 미국 대학교가 그렇듯이 예일 대학교도 고풍스런 건물들이 학교의 전체 분위기를 좌우한다. 그중 특히 신고딕 양식의 건물이 주를 이루고 있다. 예일 대학교 미술관을 찾아가는 것은 건축인으로서는 아주 행복한 일이 아닐 수 없다. 바로 맞은편에 칸의 마지막 작품이라 할 수 있는 영국 미술 센터가 자리 잡고 있으며, 손에 잡힐 만한 거리에 폴 루돌프(Paul Rudolph)가 설계한 예일 대학교 건축 대학이 있기 때문이다.

예일 대학교 미술관은 대학과 도시가 혼합된 전형적인 미국 대학 도시의 특성을 반영하는 곳에 위치한다. 예일 대학교 측은 채플 스트리트를 중심으로 기존의 대학 미술관인 스와타우트 미술관의 측면 부지를 계획 대지로 선정했다.

칸은 당대의 재료와 건설 방법에 합당해야 한다는 자신의 지론을 적용하여 콘크리트와 황색 벽돌을 이용하여 새로운 미술관을 만든다. 그래서 증축 미술관이 기존의 네오 르네상스풍 미술관과 연결되어 있는데도 기존 건물의 형태를 반영하지 않았다. 대신 창이 없는 황색 벽돌 벽을 연장했을 뿐이다.

왜 그랬을까? 칸은 형태적으로 구관과 신관이 대조되는 방법을 사용하지 않았다. 물론 남서향이므로 창을 뚫는 것이 기

유리 커튼월로 표현된 예일 대학교 미술관의 북동측 입면.

능적으로 적절하지 못한 면도 있었다. 그러나 이보다는 과거와 현재의 접속이라는 측면에서 이전 건물과 위화감을 만들지 않으면서 자신의 존재를 확인하는 방법으로 창이 없는 거대한 벽을 만든 것으로 보인다. 대신 북동측 입면은 유리 커튼월로 만들어 중정을 바라보도록 하였다.

남서측 벽과 연결 브리지 사이에 자리 잡은 입구로 들어서면 강력한 조형감과 방향성을 보여 주는 콘크리트로 이루어진 천장이 눈을 사로잡는다. 일반적으로 슬래브(바닥)의 하부에는 각종 배관 및 전선 설비가 위치하기 때문에 천장을 두어 가리며 그 결과 슬래브 구조를 알 수 없는 경우가 많다.

그런데 칸은 천장과 설비에 의한 시각적인 방해 없이 구조를 노출시키길 원했다. 따라서 구조에 의한 서비스 공간의 통합[29]

은 구조를 노출시키면서 설비를 결합하고자 하는 칸의 열망으로서, 이를 통하여 역학적 질서는 더욱 극적으로 표현된다.

예일 대학교 미술관에서 칸은 설비를 내부에 포함하는 삼각 슬래브 구조체(tetrahedral concrete structure)를 고안해 냈다. 이는 스페이스 프레임의 콘크리트 버전으로서 축력과 횡력의 흐름을 동시에 형태화한 것이다. 그 결과 예일 대학교 미술관의 삼각 슬래브 구조는 천장에 의해 방해됨 없이 힘의 흐름을 통한 극적인 내부 공간의 특성을 보여 준다.

상층부 전시장으로의 이동은 계단에 의해 이루어지는데, 칸은 원형의 계단실에 삼각형의 계단을 삽입하고 천창에서 자연광을 유입시켜 삼각형 덮개와 빛이 만들어 내는 극적인 공간을 조성한다. 이러한 공간 분위기 연출은 그의 마지막 작품인 예일 대학교 영국 미술 센터의 원형 계단실에서 다시 한 번 시도되었다.

예일 대학교 미술관에서 시도된 칸의 건축 개념은 구조의 강조 및 '봉사받는 공간과 봉사하는 공간' 등이다. 반면 자연광을 다루는 방식이나 공간의 분절 및 연결에 대해서는 크게 고려하지 않았다. 실제로 칸은 예일 대학교 미술관을 아직 성숙하지 못한 건축적 사고의 결과물로 평가한다.[30] 즉 자신의 건축적 사고가 부분적으로 표현되었을 뿐 아직 종합되지 않았다는 것이다.

또 내부 공간은 공간적 융통성이 요구되는 전시실이라는 이유 때문에, 미스 반 데어 로에의 유니버설 스페이스와 비슷하게

예일 대학교 미술관의 내부 구조.

별다른 특성 없이 확장되는 전시 공간으로 만들어졌을 뿐, 훗날 주제가 되는 한정된 공간, 즉 '룸'이라는 의식이 거의 나타나 있지 않다.[31] 이는 아직 칸의 건축적 사고가 진전되지 않았기 때문이며, 아울러 예일 대학교 미술관의 성격이 기존 미술관의 증축으로서 특정 전시물을 대상으로 한 것이 아니라는 점에서도 기인한다. 따라서 칸은 예일 미술관의 전시 공간을 하나의 단일 공간으로 처리하고 이동 가능한 전시 패널을 사용하여 어떠한 대상물도 전시할 수 있도록 고려하였던 것이다. 또 많은 부분에서 당시에 유행하던 미스의 유니버설 스페이스나 커튼월이 적용되었다고 보아야 할 것이다.

그런데도 예일 대학교 미술관이 보여 주는 무게감은 결코 가볍지 않다. 이는 칸이 일부 비난[32]에도 불구하고 예일 대학교 미술관에서 구조 체계의 강조를 통한 구조와 공간의 통합을 시도함으로써 건축의 존재적 측면을 강조했기 때문이다.

비어 있음의 미학: 솔크 연구소

 칸 스스로가 자신이 만족한 최초의 건물이라고 평가하는 솔크 연구소(Salk Institute, 1959~1965)는 칸 자신의 말처럼 그동안의 생각과 경험이 처음으로 종합되어 실현된 건물이다.

 솔크 연구소는 소아마비 백신 개발로 유명한 솔크(Jonas Edward Salk, 1914~1995) 박사의 의뢰로 시작되었다. 솔크 박사는 칸이 설계한 펜실베이니아 대학교 리차즈 의학 연구소(Richards Medical Laboratory, 1957~1960)를 방문한 후 칸에게 자신의 연구소 건축을 의뢰했다고 전해진다.

 솔크 박사는 수도원의 중정처럼 엄숙하고 사색적인 공간이 자신이 원하는 이상적인 연구소임을 밝혔다. 사실 솔크 박사가 리차즈 연구소에 감명을 받은 이유도 실험실의 기능적 측면보다는 기념비 같은 매스 구성과 거기서 풍겨 나오는 분위기를 선호했기 때문이었다.

초기 계획은 실험동, 도서관, 강당 및 연구원 숙소동으로 이루어진 거대한 실험 단지 성격을 띠고 있었으나 최종적으로는 실험동만이 실현되었다. 연구소가 위치한 캘리포니아 라호야는 샌디에이고 시 북측에 위치한다. 대지는 높은 언덕에 자리 잡고 있으며 태평양으로 넓게 트인 시야를 제공한다.

건물 둘러보기

솔크 연구소의 건물 구성은 많은 부분 리차즈 의학 연구동과 연관이 있다. 1950년대 후반에서 1960년대 초반에 이르는 칸의 건축 활동은 그 빛나는 결과물에도 불구하고 대부분이 특정 건물 유형에 대한 첫 번째 작업이었다. 처음 해 보기 때문에 신선한 결과를 낳기도 했지만 개념 적용에 있어서 사용상의 문제를 많이 만든 것도 사실이었다.

리차즈 의학 연구동의 문제는 다큐멘터리 영화 〈나의 건축가〉에도 등장하듯이 사용하기에 그렇게 편리하거나 쾌적한 분위기를 제공하는 건물이 아니었다는 데 있었다. 연구실의 크기가 적절하지 않았을 뿐만 아니라 설비상의 문제나 빛에 대한 문제점도 적지 않았다. 솔크 연구소에서는 이러한 리차즈 의학 연구동의 문제점을 보완하여 좀 더 진화된 결과물을 내놓는다.

우선 공동 작업용 실험실과 개인 연구실을 수평으로 명확하게 분리하였다. 그 결과 개인 연구실에서는 프라이버시가 최대한 확보될 수 있었다. 개인 연구실에서는 사각형의 기본 형태에 돌출된 삼각형 모양의 평면을 덧붙임으로써 모든 연구실에서 남측에 형성된 태평양으로의 넓은 조망을 즐길 수 있도록 하였다.

설비에도 자신의 공간을 부여하다

리차즈 의학 연구동에서 적용하였던 이른바 '봉사하는 공간'과 '봉사받는 공간'의 개념이 솔크 연구소에서는 좀 더 적극적으로 그리고 효율적으로 적용된다. 리차즈 연구소가 수평적 의미에서 두 공간을 구분하였다면, 솔크 연구소에서는 수직적으로 두 공간을 분리한다. 실험실 공간 위에 설비 공간을 두었고 실제로 사람이 지나갈 수 있도록 하여 하나의 층으로 만들었다.

그 결과 설비 공간은 하나의 층으로서 자신의 존재를 갖게 되었고, 동시에 실험실에는 가변성과 융통성을 제공할 수 있었다. 즉 리차즈 의학 연구소의 설비 공간에 의한 실험실 공간의 제약을 해결했던 것이다.

솔크 연구소 2·4층의 실험실 공간과 1·3층의 설비 공간.

비움으로써 더 많은 것을 얻다

솔크 연구소는 가운데 중정을 중심으로 2개의 거대한 실험동이 마주 보는 형태로 구성되어 있다. 이 실험동들은 중정 쪽으로 각각 5개의 개별 연구실을 내밀고 있으며 연구실들은 서로 떨어져 있다. 중정에서 바라보면 개별 연구실은 4개 층으로 되어 있다. 그런데 1층과 2층은 비워져 있다. 왜 그랬을까?

중정만 해도 그렇다. 나무는커녕 풀 한 포기를 위해 마련해 놓은 공간도 없다. 단지 중정을 세로로 가로지르는 직선의 도랑만이 있을 뿐이다.

정말 왜 그랬을까? 1층과 3층의 빈 공간 즉 개별 연구실의 밑 공간은 실험동 바닥 높이와 같다. 즉 실험동에서 직접 나갈 수 있는 공간이다. 칸은 실험실에서 나온 연구원들이 중정을 바라보며 휴식할 수 있는 공간을 제공했던 것이다. 사용자를 고려한 공간 구성, 이것이 리차즈 의학 연구동에서 배운 교훈은 아니었을까?

초기의 계획안은 4개의 실험동이 가로로 배치되어 있었다. 따라서 2개의 중정이 만들어졌고, 여기에 나무를 길게 배열했다. 작은 연못과 분수도 있었다. 그렇지만 하나의 공동체 의식을 조성하려는 솔크 박사의 제안에 따라 2개의 동과 하나의 중정으로 최종안이 결정된다. 칸의 고민은 정원과 유사한 초기의 중정 계획을 상황이 바뀐 최종안에까지 끌고 가느냐에 있었다.

솔크 연구소의 중정.

일화에 의하면 이러한 고민 해결을 위해 초청한 멕시코의 건축가 루이스 바라간(Luis Baragan, 1902~1988)이 나무를 비롯한 모든 소품을 없애고 '하늘을 향한 파사드(정면)'의 개념으로 비워 두자는 의견을 내놓았다고 한다. 칸은 바라간의 의견을 받아들였고 건물은 현재의 모습을 갖추게 되었다.

그 결과 아무 거칠 것 없는 중정은 바라간의 말대로 하늘까지 그리고 태평양까지 확장되었고, 나무와 풀과 분수에 의한 모습이 아닌, 시간과 빛의 변화를 망라하는 자연의 모습을 그대로 중정에 담을 수 있었다. 문자 그대로 비움으로써 더 많은 것을 얻은 것이다.

과정을 드러내다

솔크 연구소는 콘크리트를 그대로 드러내고 아무런 장식이나 덧칠을 하지 않는 소위 노출 콘크리트로 만들어졌다. 개별 연구실의 창문에 쓰인 티크 목재, 유리 그리고 콘크리트가 연구소를 만드는 데 사용한 주요 재료이다.

칸은 결코 여러 종류의 재료를 사용하지 않았다. 대신 재료의 성질을 가장 잘 드러내는 방법을 택했다. 콘크리트는 일정한 틀(거푸집)을 사용하여 다양한 형태를 만들 수 있는 특성이 있으며, 또한 공사 중에 만들어지는 여러 종류의 흔적을 남긴다. 칸은 이러한 흔적이 반드시 드러나야 한다고 주장했다.

그 결과 솔크 연구소의 콘크리트 벽에는 여러 종류의 흔적이 보인다. 거푸집의 앞뒷면을 연결하는 부재(폼 타이)에 의해 생기는 둥근 구멍, 거푸집을 덧대 이음으로 생기는 틈에 의한 자국, 거푸집의 크기에 의해 생기는 자국, 심지어 콘크리트를 잘못 부어 만들어진 거칠고 구멍 난 부분도 고치지 않았다.

왜 칸은 이러한 자국을 깨끗하게 정리하지 않고 놓아두려 했을까? 아니, 그는 왜 여기서 더 나아가 마치 강조하는 듯한 제스처를 보였을까?

사소한 듯 보이는 이러한 자국에서 칸은 건축의 존재를 보았다. 칸이 생각하기에 건축은 자신의 본질을 추구할 때 자신의 존재를 갖는다. 또한 만들어지는 과정에서 자신의 존재를 갖는다. 따라서 이러한 과정을 진솔하게 보여 주는 것은 바로

솔크 연구소 벽면의 노출 콘크리트

건축의 존재에 대한 자신의 생각을 드러내는 것이었다. 그 결과 칸의 건물은 이러한 흔적을 통하여 자신의 형성 과정을 있는 그대로 보여 준다.

도서관의 본질을 찾아서:
필립스 엑시터 아카데미 도서관

엑시터 도서관(Phillips Exeter Academy Library, 1965~1972)은 구조적 진실을 보여 주는 외벽, 공간감 있는 중앙홀, 자연광이 충만한 열람실 등으로 인해 칸의 가장 성공적인 디자인 중 하나로 평가받고 있다.[33]

건물 둘러보기

필립스 아카데미는 소위 미국의 명문 사립 고등학교 중에서도 최고 명문 중 하나이다. 국내에는 필립스 아카데미 앤도버(Philips Academy Andover)가 더 잘 알려져 있지만, 앤도버 설립자인 새뮤얼 필립스의 백부인 존 필립스가 만든 뉴햄프셔 주

소재 엑시터 역시 이에 못지않다.[34] 매년 졸업생 모두가 미국 명문대에 진학하는 것으로 유명한 이 학교는 1781년 설립되었다. 기존의 도서관을 확충하기 위해 1960년 새로운 도서관 설립을 결정했는데 처음에는 학교 전체 캠퍼스의 양식인 신 조지안 양식(Neo Georgian Style)으로 계획되었으나, 1960년대 중반 새로 부임한 교장 리차드 데이가 이미 제출된 계획을 거부했다. 그리고 당대 최고 걸작을 디자인할 수 있는 건축가를 요구하여, 이에 칸을 선정하였다.

대부분의 미국 사립 고등학교는 대학교 못지않은 면적과 시설을 갖추고 있으며 역사도 오래되어 고풍스런 멋을 풍긴다. 필립스 엑시터 아카데미도 예외는 아니다. 그래서 백 년이 훨씬 지난 건물들이 즐비하다. 도서관의 위치는 바로 이러한 건물 사이에 위치한다. 캠퍼스 중앙 잔디 광장을 가로지르는 프론트 스트리트를 중심으로, 본관과 마주 보며 남측에 위치하여 캠퍼스의 중심을 이룬다. 주위는 붉은 벽돌로 만들어 엄격한 분위기를 풍기는 소위 조지안식이라 불리는 신고전주의 건물로 둘러싸여 있다. 주변은 2~3층의 박공지붕을 갖는 건물로서 동측에는 학생회관, 서측에는 입학처가 자리 잡고 있다.

칸이 결정한 건물 형태는 주변과 직접적으로 연관을 갖지 않는 독자성을 추구하는 것이었다. 주변을 향해 유일하게 고려한 사항은 어둡고 검붉은 엑시터 지역의 벽돌로 균일하지 않은 벽돌들을 통합하고 입면에 사용함으로써 낭만적 분위기를 이끌어 낸 것이다. 이러한 거친 벽돌 사용은 19세기 미국 동부 지

역에서 신고전주의 건축의 특성이었다.[35]

도서관은 어떠해야 하는가

 필립스 엑시터 아카데미의 도서관을 설계하면서 칸은 우선 도서관의 본질에 주목하였다. 도서관의 본질을 논하면서 칸이 중요시한 사항은 바로 도서관의 시원(始原, beginning)으로, '무엇이 그러한 계기를 제공하였는가?'였다.

 칸은 이미 1956년 워싱턴 대학교의 도서관을 계획하면서, 도서관의 기원에 대해 연구를 하였는데 이 중 특히 영국 더럼에 있는 중세 도서관의 형식에 영향을 받았다. 그곳의 개인 열람실인 캐럴(carrel)은 회랑 옆에 위치하여 빛에 가까이 있었다. 그러한 역사적 사실에 영감을 받은 칸은 설계를 진행하는 동안 다음과 같이 언급한다.

> "캐럴들을 감싸 안는 구조 시스템을 찾으려는 열망에 생각이 집중되었으며, 건물 외피 주변의 자연광을 갖는 회랑 공간 내의 열람 공간은 좋아 보인다."[36]

 그는 또한 도서관을 독자와 책에 의한 구성 체계로 규정하면서[37] 다음과 같이 주장하기도 했다.

> "도서관이란 사서가 책을 배열하고 선택된 페이지를 열어

독자를 유혹할 수 있는 장소라고 생각한다. 거기에는 사서가 책을 놓을 수 있는 거대한 테이블이 있어야 하고 독자는 책을 들고 빛이 있는 곳으로 갈 수 있어야 한다."[38]

이 짧은 문장에는 칸이 규정하는 도서관의 성격이 잘 나타나 있다. 여기서 독자를 끌어들이는 곳은 공적인 장소로서 홀이며, 책을 펴놓을 수 있는 거대한 테이블은 문자 그대로 테이블이 될 수 있다. 테이블은 또한 책을 전시하는 곳 혹은 사용자들이 지식을 교환하는 공공의 장소가 될 수도 있다.

칸의 디자인은 "학습은 첫째로 조용하고 자기성찰적인 독서와 개인 간 의견 교환에서 이루어진다."라는 두 가지 필수 행위를 포함해야 한다는 생각을 중심으로 형성되었다. 이때 거대한 중정 홀은 토론과 의견 교환을 위한 장소인 동시에 도서관을 대표하는 상징적 공간이다. 그래서 홀은 서가와 책 자체를 디자인 요소로 사용하여 과정을 공간적으로 표현하고 있다.

"중앙은 결국 두 개의 연속적인 도넛(doughnut)의 결과입니다. 즉, 그곳은 하나의 입구로서 커다란 원형의 개구부를 통해 당신의 주위로 책이 보이는 장소입니다. 따라서 당신은 그 건물에서 책이 초대를 하고 있다는 느낌을 받을 것입니다."[39]

그는 도서관에서 "중요한 점은 책의 보관이 아니라 책을 읽는 학생들을 위한 건물이 되어야 한다는 것이다."라고 말했다. 또한 "건물을 들어서는 즉시 건물의 내부를 알 수 있어야 함"을 강조했다.[40] 이러한 요구 사항이 수용된 결과, 전통적인 도서관에서 주 출입구 내부에 배치되는 대출실을 2층 도서관의 중심에 위치시킴으로써 감시의 기능보다 서비스가 더 중요함을 확신시켜 주었다.[41]

힘의 흐름을 보여 주다

 학교 캠퍼스에 들어서면 맨 처음 눈에 띄는 건물이 바로 도서관이다. 주변의 건물에 비해 가장 높고 크기도 하거니와 경사 지붕 건물군 중 유난히도 상자 형태를 하고 있어 대조가 되기 때문이다. 앞에 펼쳐진 잔디밭을 배경으로 역시 칸이 설계한 학생식당과 함께 우뚝 서 있다. 가로가 약간 긴 형태의 직육면체 건물은 4면이 모두 같다.

 벽돌로 이루어진 외관은 언뜻 4층 혹은 5층 건물처럼 보인다. 하지만 외부에서 3층과 4층으로 보이는 부분은 실제는 2개 층 높이의 개인 열람실(캐럴)이고 중앙부의 내부는 각각 2개 층의 서고로 되어 있어서 내부에서는 7층이 된다.

 외부 형태에서는 두 가지 부분에 주목할 필요가 있다. 4면이 직각으로 만나는 일반적 형식에 반하여 이 건물에서는 만나는 모서리 부분을 45도로 따고 뒤로 물러서게 하여 마치 4면이

필립스 엑시터 아카데미 도서관 외관.

스스로 서 있는 듯 만들어 준다.

왜 그랬을까? 첫 번째 모서리가 붙으면 건물의 볼륨이 훨씬 크게 보여 전체적으로 답답해질 뿐만 아니라 각 입면의 비례역시 깨어진다. 더 중요한 것은 각 입면이 스스로 서 있다는 것을 나타낼 수 없다는 점이다. 이는 모서리 부분을 후퇴시켜 입면의 단부를 드러낸 부분에서 여실히 증명된다.

이를 뒷받침하는 증거는 실제로 각 입면이 스스로의 구조를 갖고 있다는 것을 보여 주기 위해서 전형적인 벽돌의 구조적 사용을 그대로 보여 주고 있다는 점에서 잘 드러난다. 즉 건물의 무게는 하부로 갈수록 무거워지므로 이를 지탱하는 기둥 역시 굵어야 함을 명확히 보여 준다. 따라서 1층에는 가장 굵게 그리고 상부로 올라갈수록 점차 가늘어지는 벽돌 기둥이 입면에 그대로 표현된다. 물론 벽 기둥 전체가 외부에 사용된 붉은 벽돌로 된 것은 아니다. 벽돌 기둥 내부는 붉은 벽돌이 아닌 콘크리트 벽돌로 되어 있다. 왜 벽돌일까? 콘크리트 벽 구조로 하면 비용이나 기간도 줄일 수 있었을 텐데 말이다.[42]

칸은 본질을 중시한 건축가이다. 벽돌 구조의 본질은 쌓아올려서 만들어진다. 벽돌 구조가 조적식이라는 것은 바로 이를 두고 하는 말이다. 벽돌을 사용했으면 벽돌에 맞는 구조를 사용해야 하고 이는 반드시 드러나야 한다. 칸의 이러한 철학 때문에 도서관의 벽 기둥은 위치에 따라 굵기를 달리하는 것이다. 또한 이렇듯 구조를 솔직하게 표현함으로써 효율성보다는 자신의 건축 철학과 구조 방식 그리고 그 표현을 일치시키는 것도 칸 건축의 특성 중 하나이다.

존재 이유를 말하다

그럼 건물 내부로 들어가 보기로 하자. 그런데 어디를 보아도 건물의 입구나 현관은 보이지 않는다. 대신 1층은 어느 곳에서도 진입이 가능한 회랑 형식이 드러난다. 회랑을 따라 걸어가면 특이하게도 모서리에서 건물로 들어가게 된다. 사실 잔디밭에서 모서리로 진입하도록 사선의 길이 나 있다.

건물에 들어서면 곧 2층으로 올라가는 건물 크기에 비해서는 상대적으로 커다란 타원형 계단을 만난다. 부드러운 곡선 계단은 자연스럽게 발길을 2층으로 유도한다. 2층에 다다르면 공간과 빛이 만들어 내는 감동스런 분위기가 문자 그대로 연출된다. 바깥에서는 전혀 상상할 수 없었던 위아래가 뻥 뚫린 30미터 높이의 공간이 눈앞에 드러난다. 그리고 4개 층 높이의 둥근 개구부는 줄지어 있는 서가를 보여 주면서 이곳이 도서관임을 강조한다.

지붕의 고측창을 통해 쏟아지는 빛은 내부 공간과 어우러져 엄숙하고도 극적인 공간을 연출한다. 벽돌로 이루어진 외부와 달리 내부 공간은 콘크리트 기둥과 벽으로 이루어져 이중적인 측면을 나타낸다.

왜 그랬을까? 칸의 초기 안(案)에는 건물의 모든 부분을 벽돌 구조로 만든 계획이 있었다. 그러나 비용과 시간의 문제로 인해 내부는 콘크리트 구조로 변경된다. 칸은 여기서도 본질에 대한 자신의 철학을 철저하게 적용한다. 이른바 콘크리트를 거푸집에 부을 때 만들어지는 형틀 자국을 그대로 노출시킴으로써 콘크리트 특유의 건설 과정을 보여 준 것이다. 또한 상부의 건물 무게를 어디서 어떻게 받치고 있는지를 보여 줄 수 있도록 형틀 자국을 의도적으로 구성함으로써 외부의 벽돌 구조에서와 마찬가지로 내부 콘크리트 구조의 존재 이유를 강조한다.

필립스 엑시터 아카데미 도서관 내부.

빛으로 공간의 효과를 높이다

다른 건물에서도 마찬가지이지만 칸은 인공 빛보다는 자연의 햇빛을 우선시했다. 특히 빛이 있는 곳으로 책을 들고 갈 때 도서관이 시작된다고 주장하여 엑시터 도서관의 설계가 빛에 의해 비롯되었음을 밝힌다.[43]

책을 읽기 위해 빛이 있는 곳으로 간다는 것은 기능적, 공간적으로는 열람실 혹은 캐럴(개인 열람 공간)을 의미한다. 따라서 캐럴은 칸 도서관 건축의 구성을 이해할 수 있는 단서를 제공한다. 햇빛에 면해야 하기 때문에 캐럴은 당연히 건물의 가장자리에 위치한다. 그리고 높은 공간을 제공한다. 반면 서고는 직사광을 피해야 하기 때문에 건물의 중앙부에 위치하며 높은 층고를 가질 필요가 없다. 열람실 1개 층 부분에 서고의 2개 층이 대응한다. 그래서 건물 외부 층수와 내부 층수가 다른 것이다.

칸은 서고 부분의 중앙부를 위아래로 뚫어서 로비를 만들고 간접광을 제공한다. 공간과 빛이 결합된 감동의 공간은 이렇게 만들어졌다. 그리고 도서관의 공간 구조는 이른바 칸이 이야기하는 2중의 도넛 구조가 되었다. 캐럴에 자연광을 도입하는 창문은 솔크 연구소에서 적용한 방법[44]을 발전시킨 것이다.

창문은 2층 높이로 되어 있으며 하부 창은 캐럴에 조망을 제공하고 거대한 상부 창은 열람실 내부뿐만 아니라 캐럴과 서고 사이의 복도에까지 빛을 유입시킨다. 캐럴의 높은 층고에 의

필립스 엑시터 아카데미 도서관 중정 상부.

한 공간감 및 자연광 유입은 도서관의 본질을 추구하고자 했던 결과물로서, 칸은 동일한 방법을 예일 영국 미술 센터의 도서실에서도 적용한다.

단위   공간의 집합 논리: 킴벨 미술관

롤 케이크를 옆으로 늘어놓은 형태 때문에 건물을 짓는 동안 마치 동물 축사와 같다고 혹평을 받은 건물이 있었다. 그러나 이 건물은 빛이 펼쳐 내는 우아한 내부 공간으로 유명한 킴벨 미술관(Kimbell Art Museum, 1966~1972)으로서 칸의 가장 위대한 작업으로 평가받고 있다.

킴벨 미술관은 기업가이자 열정적인 미술품 수집가였던 케이 킴벨 부부가 자신의 개인 컬렉션을 발전시켜 설립한 미술 재단의 산하 미술관으로 계획되었다. 계획의 주안점은 자연 속의 주거와 같은 미술관으로, 자연광으로 미술품을 관람할 수 있도록 하는 것이었다. 부지는 널찍한 공원의 귀퉁이에 있고, 부지 중앙의 높은 지대에는 에이몬 카터(Amon Carter) 미술관이 서 있었다. 이 건물에서 시가지로 향한 조망을 막지 않도록 킴벨 미술관의 높이는 약 12미터 이하로 제한되었다.

미술관의 본질을 생각하다

미술관의 본질에 대해 칸은 다음과 같이 규정한다.

"빛의 분위기가 보는 데 관련되면 그림은 다른 상황을 제공한다. 이것은 무엇의 본질로서 자신의 생각을 결정하는 또 다른 예이다. 진정으로 그것이 당신이 회화를 감상하는 장소의 본질이라고 생각한다."[45]

즉 그는 미술관에서 빛의 중요성을 강조하고 있는 것이다. 킴벨 미술관의 경우[46] 미술관의 성격을 주택의 각 실에서 유추함으로써 목표로 삼은 '룸'의 성격을 도출해 냈다.

하나의 단위를 중첩시켜 전체를 만들다

킴벨 미술관의 구성 형식은 명쾌하다. 롤 케이크 모양의 단위 공간[47]을 옆으로 3개, 앞뒤로 6개 중복하여 연결시켜 전체를 구성했다. 이 중 2개의 단위 공간을 삭제하여 앞마당으로 사용하고, 3개의 단위 공간은 지붕과 기둥만으로 이루어진 캐노피(canopy)로 사용한다. 결과적으로 15개의 단위 공간이 모인 형태가 되었고, 단위 공간의 일부를 드러내어 안마당을 두었다. 이러한 단위 공간은 앞에서 살펴본 칸의 '룸' 개념을 적용한 것이다. 중앙의 천창에서 유입되는 자연광에 의해 구조, 공간, 빛이 일치하는 '룸' 개념이 성립된다.

건물의 골격을 이루는 외벽과 기둥, 볼트 모양의 지붕, 바닥 슬래브는 모두 콘크리트로 되어 있다. 콘크리트 기둥과 바닥판 슬래브 및 지붕 외의 부분은 석회암의 일종인 트래버틴(travertine)으로 채워 건물 전체의 구조 체계를 명확히 보여준다.

전체 건물의 인상을 좌우하는 것은 연속된 6개의 볼트 지붕이며, 지붕을 지지하는 기둥 12개가 전체 건물에 리듬감과 변화를 제공한다.

킴벨 미술관은 출입구를 2개 갖고 있다. 도로에 면하여 차량을 통해 직접 진입이 가능한 동측과 공원을 면하고 있는 서측에 각각 출입구가 있다. 대지가 서쪽이 높고 동쪽이 낮기 때문에 동측 입구는 지하 1층에 면한다. 전시실이 1층에 위치하기 때문에 동측 출입자는 관람을 위해서 한 개 층을 올라가야 한다. 비록 돌아서 가야 하는 불편은 있지만 서측의 출입구는 공원에 면하여 훨씬 여유가 있으며 앞마당과 캐노피를 두어 입구임을 강조한다. 서측 출입구를 통해 로비에 들어서면 좌우측에 전시실이 나타난다. 특히 좌측 전시실은 밝은 중정을 갖고 있어 관람자를 자연스럽게 유도한다.

킴벨 미술관의 캐노피.

킴벨 미술관의 연속된 볼트 지붕.

내부 공간은 밝게 빛나는 단위 공간들을 연속적으로 경험하도록 되어 있다. 우아한 지붕[48]은 사이클로이드(cycloid)라는 정교하게 계산된 곡면으로서 최신 기술을 표현의 매개체로 자연스럽게 이용하는 칸의 방식을 보여 준다.[49] 단위 공간들의 일부를 드러내어 조성된 3개의 중정은 양호한 내부 환경을 위한 채광, 통풍, 휴식의 기능을 제공한다.

또한 볼트 형 내부 공간은 자체 형상뿐만 아니라 금속 반사재의 자연 채광 장치를 통해 직사광을 순화시켜 내부 공간과 전시물에 균질하고 부드러운 빛을 제공한다. 이를 통해 곡면과 더불어 내부 전체에 밝고 부드러운 분위기가 만들어진다.[50]

칸의 마지막 작품:
예일 대학교 영국 미술 센터

예일 대학교 영국 미술 센터(Yale Center for British Art, 1969~1974)는 폴 멜런 영국 미술 및 연구 센터로도 불린다. 이는 1966년 미국의 사업가인 폴 멜런(Paul Mellon)이 다수의 영국 미술 자료를 예일 대학교에 기증하였기 때문이다.

멜런은 1931년 스포츠 관련 영국 미술품으로 시작하여, 1936년에는 말(horse)과 관련된 회화와 희귀 서적으로 자신의 컬렉션을 확대시켰다. 1959년 이후에는 전문적인 수집으로 전환하여 호가스(William Hogarth), 라이트(Wright of Durby), 터너(Joseph Mallord William Turner), 콘스터블(John Constable), 스텁스(George Stubbs) 등이 그린 수백 점의 회화를 구입했다. 그의 관심은 전통적인 초상화뿐만 아니라 영국의 스포츠, 연극 장면, 조경, 해양 관련 미술품에 이르기까지 매우 다양했다. 폴 멜런은 이렇듯 전문화된 영국 미술 컬렉션을 예일 대학교에 기증했을 뿐 아니라 대지 구입 및 건설 비용까지 제공했다.[51]

영국 미술 센터는 컬렉션의 대부분이 크기가 작은 그림이나 도판처럼 소규모인 점을 고려하여 아담한 분위기를 연출할 것을 요구했다. 이는 건물 내부가 작품의 세밀한 관찰이 가능한 친밀한 분위기, 즉 방과 같은 분위기를 필요로 함을 의미했다. 따라서 이전 예일 미술관처럼 크고 연속적인 공간과 이동 가능한 패널이 필요 없어졌다. 미술관 하부에는 상점이 위치했고, 전시장뿐만 아니라 교수 및 학생의 교육 및 연구를 위한 세미나실, 강의실, 도서관 등 다양한 기능을 갖는 복합 시설로 자리 잡게 되었다.

건물 둘러보기

영국 미술 센터는 미국 대부분의 대학이 그러하듯이 대학과 도시가 커다란 구별 없이 공존하는 전형적인 대학 도시의 모습을 보여 주는 곳에 위치한다. 영국 미술 센터의 도로 맞은편에는 칸이 설계한 예일 대학교 미술관 증축 건물이 있고 서측에는 폴 루돌프가 설계한 건축 대학 건물이 자리 잡고 있다. 도시 내에 위치하는 대지의 특성상 건물의 저층부에는 상업 시설을 설치하여야 했다. 그 결과 건물의 저층에서는 거리의 연속성 유지가, 복합적으로 구성된 프로그램을 해결하

영국 미술 센터 외관.

기 위해서는 공간을 어떻게 쌓아 올리는지가 중요한 문제로 대두되었다.

영국 미술 센터는 비록 현대식 건물이기는 해도 주변의 고풍스런 건물을 압도하거나 이질적으로 느껴지지는 않는다. 그것은 절제된 형태와 회갈색으로 가라앉는 외피 재료의 색채와 질감 때문일 것이다. 그러면 찬찬히 이 건물을 둘러보기로 하자.

1층은 가로의 모습을 그대로 반영한다. 전면 유리로 구성되어 한 걸음 뒤로 물러선 상점은 가로의 연속성을 보여 준다. 건물이 끝나는 서측 부분은 선큰 가든(sunken garden)으로 되어 있다. 이는 지하 1층에 위치한 강당으로의 진출입을 용이하게 만들기 위해서이다. 미술 센터 입구는 건물의 동측 모서리를 떼어 낸 부분에서 시작된다. 모서리 부분을 비워 둠으로써 자연스럽게 건물로 들어설 수 있다. 그리고 곧바로 밝게 빛나는 내부로 이끌리게 된다.

내부로 들어서면 밝은 빛이 쏟아져 내려오는 중정을 만난다. 사방 12미터 크기의 내부 중정은 건물 위 끝까지 뚫려 있다. 예상치 못한 큰 공간을 만난다는 점은 필립스 엑시터 아카데미 도서관과 유사하다. 그러나 필립스 아카데미 도서관의 빛이 차분하고 엄숙한 분위기의 빛이라면, 영국 미술 센터의 빛은 밝고 경쾌하다. 중정의 서측에는 엘리베이터와 원형 계단실이 위치한다. 관람객은 이것들을 이용하여 상층에 위치한 전시실로 이동할 수 있다. 입구의 중정 외에 건물의 서쪽에는 원형의 계단실을 포함하는 중정이 2층부터 시작된다.

2~3층에는 전시실과 도서실이 위치하며 4층부터는 전시전용 공간이 들어서 있다. 칸은 층별에 따라 교육 시설, 행정 시설, 전시 시설 등 수직적으로 기능을 배분하고, 저층부에서는 2개의 중정을 중심으로 교육 및 행정 시설을 수평적으로 분배했다.

최상층인 5층의 전시실은 2개의 중정을 둘러싸는 형태로 이루어진다. 공간 전체를 하나로 연결시킬 수 있어서 이동식 전시 패널을 통해 자유로운 전시 계획이 가능하다. 그렇지만 이 전시실은 20여 년 전 자신이 설계한 예일 대학교 미술관의 전시실처럼 무한한 확장을 암시하는 단일 공간이 아니다. 그보다는

영국 미술 센터의 내부 모습.

천창을 통해 들어오는 자연광에 의해 통합되고 연속되는 적절한 규모의 '룸'들이 모인 결과이다.

룸은 모두 사방 6미터 크기로서 각각은 거대한 경사 보에 의해 더욱 강조된다. 그래서 관람객은 자신을 압도하지 않는 아늑한 크기의 방과 천창을 통해 떨어지는 부드러운 빛 아래에서 미술품을 감상할 수 있다. 이미 우리가 앞에서 살펴보았던 칸의 룸 개념이 구조 그리고 빛의 완벽한 조화를 통해 구현되어 있는 것이다.

또 중정 건너편까지 시원하게 뚫린 공간은 엄격하게 구성된 평면과는 달리 다양한 공간감을 제공한다. 이는 마치 한옥의 다양한 공간 변화와도 흡사하다. 서측의 중정은 마치 주택의 거실과 같은 역할을 하며 관람에 지친 이들에게 편안한 안식처로 작용한다.

이렇듯 예일 영국 미술 센터는 가로세로 6미터 크기의 단위 공간이 2개의 중정을 주위로 2개의 켜를 이루면서 둘러싸는 구성을 하고 있다. 이러한 단위 공간에 의한 전체 공간 구성은 바로 칸이 의도한 것이다. 그야말로 그가 주장한 룸 개념이 가장 완벽하게 구현되었다고 말할 수 있겠다.

진선미에서 찾는 칸 건축의 위대함

　언어는 인간이 어떤 개념이나 대상을 표현하는 유용한 수단임에는 틀림없다. 하지만 그 각각의 단어가 갖는 의미의 한계 때문에 우리의 사고 범위를 제한하기도 한다. 표현하려는 대상 개념의 외연이 크거나 형이상학적일수록 그것을 함축하여 나타낼 수 있는 단어를 찾아내기가 더 어렵다.

　이는 노자가 파악한 것처럼, 도(道)를 표현함에 있어 언어가 갖는 한계에 비유할 수 있다. 즉 "말로 표현해 낼 수 있는 도는 항구 불변한 본연의 도가 아니고, 이름 지어 부를 수 있는 이름은 참다운 실재의 이름이 아니다." 혹은 루돌프 아른하임이 파악한, 미술을 표현함에 있어 언어가 갖는 한계에서도 잘 드러난다. 다시 말해 "언어는 실제와 접촉하는 감각적 수단이 아니며, 단지 우리가 보고 듣고 생각하는 것들에 대해 명명하는 일을 도울 뿐이다."

이러한 대표적 경우의 하나가 우리가 심미적 이상으로 받아들이는 '진선미(眞善美)'란 단어다.

진선미를 포함하여 이러한 이상을 나타내는 표현들은 그 개념을 함축할 수 있는 마땅한 단어가 없기 때문에, 현실 세계 속에서 경험할 수 있는 현상들 중에서 그 개념에 근접한 현상에 대한 상징적 묘사를 하는 것으로 그친다.

진선미의 사전적 의미는 글자 그대로 '참다움, 착함, 아름다움'이고, 그 앞에 '인간이 이상으로 삼는'이라는 수식어가 붙는다. 즉, 진선미는 '인간이 이상으로 삼는 진실되고 착하고 아름다운 상태'를 뜻한다. 여기서 진실되고 착하고 아름답다는 것은 구체적 현실에서 나타나는 현상들에 대한 표현일 뿐이다. 이러한 현상들의 본질적 바탕은 구분되지 않은 하나의 미학적 개념이라고 볼 수 있다. 즉, 진선미는 하나의 개념, 다시 말해 '인간이 이상으로 삼는 완벽하고 온전한 상태의 미학적 이상'을 뜻한다. 이렇게 볼 때, '진실하지만 착하지 않다'나 '착하지만 진실하지 않다'라는 등의 말은 상호 모순된 것이 되고, 진실하고, 착하고, 아름다운 것의 의미는 변증법적 관계에 의해 동일시된다. 즉, '솔직하고 진실된 것은 선하고 아름답다'라는 명제가 성립되며, 이의 역순도 성립된다.

'솔직하다'와 '진실되다'라는 것은 현실 세계에서의 의미와 그 이념적 의미의 범주가 크게 다르지 않다는 점에서 우리가 비교적 쉽게 진선미의 개념에 접근할 수 있도록 도와준다. 이를 통해 '솔직하고 위장됨이 없는 진실한 상태'는 '선하고 아름답다'는 미학적 관점을 추출해 낼 수 있다. 그리고 이 같은 진선미의 개념은 본질적으로 통합적인 미적 개념으로, 상호 변증법적 관계가 성립된다.

이렇게 볼 때 '솔직하고 위장됨 없이 진실한 상태'는 그 개념상 '투명하다'는 것과 그 의미 영역을 상당 부분 공유한다. '투명성'이 도덕적, 미적 가치를 갖게 되는 것도 사실은 투명하다는 것이 물리적이건 규범적이건 간에 어느 대상이 솔직하고 위장됨이 없이 자신의 존재 및 존재 방식을 드러내고 있는 상태를 의미하기 때문이다. 즉, 무늬와 내용이 같은, 드러나는 현상과 그 본질 사이에 차이가 없는 상태로서 도덕적, 미학적 가치를 갖는 것이다. 결국 '자신의 존재 및 존재 방식을 솔직하고 투명하게 드러내고 있는 것'은 아름답다고 할 수 있다.

'투명성'의 사전적 의미는 먼저, 쉽게 발견되고 확실하게 보이는 광학적인 물질적 특성과 개념적으로는 파악이 용이하여 명백하게 드러나는 지적 규범 또는 가식이나 위선이 없는 솔직한 인간성의 도덕적 규범까지를 포함한다.

요사이 많이 거론되는 '사회의 투명성 확보'나 '투명 경영' 등도 이러한 의미로 이해할 수 있다. "아무개는 투명한 사람이다."라는 말도 거의 모든 사람들이 "아무개는 솔직하고 위선되지 않은 사람이다."라는 뜻으로 이해하지 공상과학 소설에 나오는 '투명인간'으로 이해하지는 않을 것이다.

일반적으로 '투명한 사람'이라고 하면 '가식이나 위선이 없는 솔직한 인간성'을 가진 사람을 가리킨다. 우리는 그로부터 도덕적 느낌을 받고 나아가서는 '아름다운 인간'이라는 심미적 느낌을 받는다. 이때, 아름답다는 느낌은 어떠한 미학적, 인간적 규범이 개입되기 이전의 영역, 즉 초월적이고 선험적인 영역에 가깝다.

'투명한 사람'이라고 할 때 그 '투명한 내용'에 대해 사회적으로 특정한 기준이 있는 것은 아니다. 즉, 그 시대가 정한 인간적 규범에 맞게 투명하다는 의미가 아니다.

시대의 규범이라는 것은 통치나 종교적 목적 등에 대하여 변하고 왜곡되어 온 것들이다. '투명한 내용'의 기준은 실존으로서의 인간에 관한 것이다. 인간으로서의 나약함, 번뇌, 심지어는 치부까지 포함하여 인간다운 치열함이 투명하게 보일 때, 우리는 그로부터 인간답다는 심미적 느낌을 받는다.

칸의 건축 사상과 그의 작품 사이에는 이러한 치열함과 투명함이 존재한다. 칸은 시대의 취향을 초월하여 건축의 변하지 않는 가치를 추구하는 과정을 통하여 얻어진 그의 건축 사상을 작품 속에 치열하게 투영하고 있다.

칸은 결코 신비롭지 않다. 그의 사상과 작품을 세심하게 관찰해 보면 그처럼 자신의 생각을 직설적으로 투명하게 작품 속에 구현해 온 건축가도 찾아보기 힘들다.

그의 건축 사상은 노자의 '도' 개념과 맞닿아 있을 정도로 깨달음의 경지에 위치한다. 하지만 그것을 땅 위의 물리적 실재로서 구현하는 데 있어서는 모호함이 없고, 건축의 각 존재들과 그 의미를 구체적으로 드러낸다.

이렇게 루이스 칸은 건축의 존재에 대한 그의 가볍지 않은 통찰을 통하여 이 땅 위에 우뚝 선 시대를 초월한 고전을 성공적으로 남기고 있다.

그의 건축의 위대함은 '아름다움은 숨어 있지 않음으로서 진리가 일어나는 한 방식'이라는 하이데거의 미적 개념이나 인간이 이상으로 삼고 있는 '진선미'의 개념과 맞닿아 있다고 할 수 있다.

주

1) 1971년 미국 건축사 협회(AIA) 골드 메달과 1972년 영국 왕립 건축가 협회(RIBA) 골드 메달을 수여하는 등 세계적 명성을 얻은 건축가로서 20여 년간 끊임없이 걸작을 남겼지만 칸은 사망했을 때 거의 파산 상태였다.
2) 필립스 엑시터 아카데미 도서관을 찾아 갔을 때, 건축에 대해서 아무것도 알지 못하는 어린아이가 칸의 도서관이 보여 주는 공간과 빛에 감동하던 모습을 잊을 수가 없다. 칸의 건축은 정말로 현대의 고전이라 불러도 전혀 무리가 없는 것임을 다시 확인할 수 있었다.
3) 칸에게는 여동생 사라와 남동생인 오스카가 있었다. 미국에는 많은 수의 유대인 출신 건축가들이 활동하였는데 모더니즘 건축가로서는 마르셀 브로이어, 고든 번새프트, 리차드 노이트라 등이 있었고, 최근의 건축가로는 피터 아이젠만을 위시하여 리차드 마이어, 프랭크 게리 및 다니엘 리베스킨트 등이 활발히 활동하고 있다.
4) 제2차 세계 대전 중 독일의 유대인 박해 이전에 이미 러시아에서는 1880년대 유대인에 대한 학살과 약탈이 있었고 1905년에는 5만 명에 이르는 유대인 대학살이 발생했다. 이 사건으로 인해 1905년에만 약 50만 명의 러시아 지역 유대인들이 미국으로 이주하게 된다.
5) 어린 시절 난로의 불꽃을 잡으려다 입은 화상으로 인한 얼굴과 손의 흉터는 놀림의 대상이 되었고 그의 어눌한 어투 역시 쉽지 않은 학창 시절을 예고했다.
6) 미국에서 근대 건축 교육은 나치의 바우하우스 폐교 이후 미국으로 이주한 독일 건축가들에 의해 주도되었다. 하버드 건축 대학원장을 지낸 발트 그로피우스, 마르셀 브로이어 및 일리노이 공과대학교의 학장이었던 미스 반 데어 로에 등 근대 건축가 및 교육자에 힘입은 바 크다.
7) 폴 크레는 1923년 『근대 건축(Modern Architecture)』이라는 책을 썼다. 하지만 그 주된 내용은 신고전주의 건축에 관한 것이었다.

8) 1947년 예일 대학교에서의 강의를 시작으로 1966년부터 1974년 사망할 때까지 펜실베이니아 대학교 교수로 재직하였으며, 1962년에는 MIT, 그리고 1961년에서 1967년까지는 프린스턴 대학교에서 강의를 했다.
9) 칸의 건축 철학과 이론은 전 생애를 걸쳐 발전되었기 때문에 시기에 따라 복합적인 양상을 보인다.
10) 칸은 시설의 프로그램과 규모, 크기, 치수 등 계획적 측면에만 몰두하면 건물의 존재 이유와 사용적 측면을 간과할 수 있다고 경고한다. 예를 들어 학교 교실의 경우도 "복도를 넓게 만들고 그곳에 정원이 내다보이는 알코브(alcove)를 둠으로써 복도는 교실로 전환될 수 있다. 이제 복도는 학생들의 만남의 장소이자 교사들과 대화를 나누는 장소가 될 수 있다. 이 공간은 이동 시의 시간뿐만 아니라 학습 시간을 수용할 수 있으므로 단순한 복도가 아니라 스스로 학습이 가능한 장소가 된다. 복도는 학생들이 주인인 교실로 변환된다."라고 하여 본질에 대한 의문이 건축에 새로운 가능성을 제시할 수 있다고 주장한다.
11) 前田忠直, ルイス・カーン研究, 鹿島出版會, p.65.
12) "여러분이 벽돌을 다루거나 그것으로 디자인할 때, 벽돌이 무엇을 원하는지 또는 무엇을 할 수 있는지를 벽돌에게 물어보아야 한다." Louis Kahn on Learning Excerpts from "I love beginnings," lecture at "the invisible city" International Design Conference, Aspen, Colorado/ Design Quarterly 86/87/.
13) 사물의 '질서'에서 시작된 고찰은 '사물-룸-주거-건축-거리-도시'라는 일련의 범주들에서 각각의 존재가 '어떻게 되기를 바라는가'라는 질문으로 발전됨으로써 '문제의식이 동심원적 범주를 이루며 확대'되는 양상을 나타낸다.
14) 마쓰쿠마 히로시, 김인산, 류상보 옮김, 『루이스 칸: 존재의지의 표상과 구축』, 르네상스, 2005, p.25.
15) "평면은 룸들의 사회, 룸은 살기에 좋은 일하기 좋은 배우기 좋은 장소이다. …… 자연광이 없으면 룸이 아니다. 자연광은 하루의 대화, 계절의 분위기를 들어오게 한다." Alessandra Latour, Louis I. Kahn, *Writings, Lectures, Interviews*, Rizzoli,

1991, pp.263-264.
16) Alessandra Latour, Louis I. Kahn, *Writings, Lectures, Interviews*, pp.263-264.
17) 이는 기둥이나 구조 벽에 의한 단일 공간 구조를 의미하며 보 역시 공간 구획의 기준이 될 수 있다고 보았다.
18) Alexandra Tyng, *Beginnings*, 서유석 옮김, 『루이스 칸의 건축 철학』, p.123.
19) 마쓰쿠마 히로시, 김인산, 류상보 옮김, 『루이스 칸: 존재의지의 표상과 구축』, p.72.
20) Louis Kahn, Toward a Plan for Midtown Philadelphia, *Perspecta*, no.2, p.28.
21) 'Nothing must intrude to blur the statement of how a space is made.' Kahn, Architecture is the thoughtful making of space, *Perspecta*, No.4, 1957, p2.
22) "오늘날 건축에서 이용되는 재료에 대해 우리가 알고 있는 것은 그 재료의 뛰어난 강도일 뿐이며 그 재료의 의미 있는 형태는 찾지 못하고 있다. 콘크리트와 스틸은 공학의 차원을 넘어선 존재가 되어야만 한다. 콘크리트와 스틸이 가져올 경이로움은 이제 곧 우리 앞에 펼쳐질 것이다. 우리는 건축의 정신을 통해 이 재료들의 특성은 존재하기를 바라는 공간과 조화를 이루어야만 하며 존재 가능한 공간이 무엇인지 유도해 낼 수 있어야 한다." 前田忠直, ルイス・カーン硏究, 鹿島出版會, 1994, p.112.
23) "당신이 사용하는 재료의 성질을 존중하는 것이 중요하다. …… 벽돌은 아름다운 재료이다. 전 세계 3/4 이상의 지역에서 사용되고 있으며 완전히 살아 있는 재료로 남아 있다. 이 재료는 사용상 논리적인 유일한 재료이다." Ford, *The Details of Modern Architecture*, p.321.
24) 이러한 전통적인 공간 체계와 구조 체계에 대한 칸의 관심은 그의 보자르식 교육 배경과 각종 여행 스케치를 통해서 엿볼 수 있다.
25) 이것이 칸이 말하는 '건축적인 공간'에서 기둥과 보와 벽과 창문이 드러나야 한다고 주장하는 이유이다.

26) 이는 칸이 장식을 거부한 것이 아니라 "장식은 건물이 만들어지는 과정 그대로를 흔적으로 남기며 표현함으로써 자연스럽게 만들어지는 것"으로 규정했기 때문이다.

27) 칸은 빛의 중요성을 다음과 같이 설명한다. "건축적으로 어떤 공간도 만약 그 공간이 자연적인 빛을 갖고 있지 않다면 하나의 공간이 아닌 것입니다. 자연적인 빛은 한 해의 계절과 하루의 시간에 따라 다양한 분위기를 연출합니다. 건축의 한 룸, 건축의 한 공간은 생명을 부여하는 빛을 필요로 합니다." Alexandra Tyng, *Beginnings*, 서유석 옮김,『루이스 칸의 건축 철학』, p.224.

28) Alexandra Tyng, *Beginnings*, 서유석 옮김,『루이스 칸의 건축 철학』, p.162.

29) 솔크 연구소의 별도 설치 설비층, 엑시터 도서관의 슬래브 홈 등에서도 구조와 설비의 일체화가 나타난다.

30) "자유로이 예일 대학교 미술관에 대해 스스로 비평해 보겠다. 나는 이 프로젝트에서 오더에 관한 작은 결론에 도달했을 뿐이다. 이 프로젝트에서 실현한 것은 완전히 이해하지 못한 무언가였다. 만약 이해했다면 디자인은 아마도 달라졌을 것이다. 그러함에도 불구하고 이 건물은 매우 정적인 측면을 갖고 있다고 말할 수 있다. 지금 미술관을 만들 수 있다면 디렉터가 자기 마음대로 사용할 수 없는 그러한 공간에 더 주의를 기울이고 싶다. 대신 그에게는 어느 정도 고유의 성격을 갖는 공간을 제공할 것이다. 그렇게 되면 관람자는 공간의 본성 때문에 매우 다른 방법으로 특정한 대상을 인지하게 될 것이다. 디렉터는 위에서, 아래에서, 작은 틈에서, 그리고 그가 원하는 무엇에서든지 다양한 방법의 빛을 갖게 될 것이고 그래서 여기서 다양한 측면에서 사물을 보여 줄 수 있는 공간의 영역을 진정으로 느끼게 될 것이다." New Frontiers in Architecture, CIAM in Otterlo, 1959; Alessandra Latour, Louis. I. Kahn, *Writings, Lectures, Interviews*, p.92

31) 마쓰쿠마 히로시, 김인산, 류상보 옮김,『루이스 칸: 존재의지의 표상과 구축』, p.37.

32) "예일 대학교 미술관에서 칸의 구조는 특별히 인상적이지 못한 길이의 스팬(6m×12m)을 만들어 내기 위해 복잡한 배열로 둔중

한 콘크리트 매스를 사용한 것이다." "예일 대학교 미술관의 삼각 슬래브 구조는 철학적 차원에서 사리넨의 GM 공학 빌딩의 철골 스페이스 프레임을 콘크리트로 번안한 것이었다. 양 구조 모두 스페이스 프레임에 의해 만들어지는 삼각형 공간이 덕트를 감싸게 하여 구조와 설비를 하나의 볼륨으로 처리했다. 칸은 사리넨의 가는 철골 파이프를 둔중한 콘크리트 삼각 구조로 변경시켰을 뿐이다." Ford, *The Details of Modern Architecture*, p.309.

33) David B. Brown/ David G. De Long, *Louis Kahn: In the Realm of Architecture*, Rizzoli, 1991, p.390.

34) 혹자는 필립스 엑시터 아카데미를 하버드 대학교로 가는 문이라 하고 필립스 아카데미 앤도버를 예일 대학교로 가는 지름길이라 한다. 엑시터가 학문을 추구한다면 앤도버는 그에 더해 학생 활동 역시 강조한다.

35) Gast, K., *Louis I. Kahn: The Idea of Order*, Birkhauser, 1998, p.81.

36) David B. Brown/ David G. De Long, *Louis Kahn: In the Realm of Architecture*, p.391.

37) "도서관 건물은 변화하는 시간 속에서 요구들을 적용할 수 있는 공간 시스템을 제공해야 한다. 하나의 건물로서의 공간과 그 결론적인 형태는 특정한 운영체계를 위해 그 프로그램을 만족시키는 것에서가 아니라, 사용에 대한 폭 넓은 해석으로부터 발생되어야 한다. 도서관을 위한 공간 오더는 책과 사람과 그 서비스의 가능한 많은 관계를 포함하는 것으로서, 변화하는 인간들의 요구들을 조화시키고 건축으로 번역될 수 있는 보편적인 성질을 소유한다. 표준화된 도서 수납과 독서 장비들의 발단적 영향을 둘러싼 도서관 디자인은 두개의 구별된 공간 성격으로 이루어진 하나의 형태로 인도하는데, 하나는 사람을 위한 것이고, 다른 하나는 책을 위한 것이다." Louis Kahn, Space Form Use-A Library, *Pennsylvania Triangle* 43 No.2, 1956, p.69.

38) Richard Wurman, *What will be Has Always Been: Words of Louis I. Kahn*, Rizzoli, 1986, pp.179-180.

39) Peter Kohane, Louis Kahn and the library: Genesis and Expression of Form, *VIA*, no.10, p.392.

40) 칸은 이러한 요구를 훌륭하게 만족시켰다. 1층의 주 출입문으로 들어서서 2층의 계단을 올라가면 참고서지실, 대출실(circulation desk) 및 서고의 관계를 인지하게 된다.
41) 학생의 감시나 도난 방지 등은 중요하게 처리되지 않았는데 학교의 경험상 잘 유지되었기 때문이었다.
42) 근래에 만들어진 벽돌 건물은 모두 콘크리트 벽에 벽돌을 장식적으로 붙인 것들이다.
43) "엑시터 도서관은 빛이 있는 주위로부터 시작되었습니다. 독서를 하는 방은 사람이 혼자서 창가에 있는 곳이라고 생각합니다. 그리고 이것은 개인적인 캐럴이 되며 그러한 공간을 담고 있는 구조에서 발견되는 장소라고 느꼈습니다."
44) 커다란 상부창의 유리는 벽 내부로 가능한 깊게 물러나 있고 나무 창틀은 벽돌 벽 안으로 들어가 있다. 반대로 아래 창문은 외벽과 거의 면하도록 위치시켰고, 최소한의 깊이만을 갖는다. 상부창은 고정창이며 하부는 미닫이 나무 패널로 되어 있다.
45) Alessandra Latour, Louis. I. Kahn, *Writings, Lectures, Interviews*, p.228.
46) "나는 지금 텍사스에 미술관을 설계하고 있습니다. 여기서 콘크리트 구조 룸의 빛이 은빛으로 빛나는 것을 느낍니다. 빛에 바래는 회화나 오브제를 위한 룸은 반드시 가장 적정한 자연광을 받아야 한다는 것을 압니다. 미술관의 구성 계획은 150피트 길이와 20피트 폭을 갖는 사이클로이드 볼트의 연속으로 되어 있으며 좁은 천장으로 된 룸을 구성하고 자연광을 볼트의 측면에 확산시키는 반사유리를 갖습니다. 이러한 빛은 오브제에 직접 비춰지지 않으면서 룸을 은빛으로 빛나게 합니다. 그러면서도 낮 시간의 편안한 느낌을 알 수 있도록 합니다. 전시실 상부의 슬릿에 의한 천창에 덧붙여, 볼트를 잘라내어 외부에 노출된 코트를 만듭니다. 치수와 성격을 계산하여 그린 코트, 옐로우 코트, 블루 코트 등 비례와 잎, 표면에 투영된 하늘 혹은 물이 제공하게 될 그러한 종류의 빛을 위해 이름을 짓습니다." Alessandra Latour, Louis. I. Kahn, *Writings, Lectures, Interviews*, p.228.
47) 킴벨 미술관의 단위구조는 폭 23피트(7m), 길이 104피트(31m)의 장방형 장 스팬으로서 기둥과 보 역할을 하는 볼트 형 지붕에

의한 구조를 갖는다.
48) '포스트 텐션 구조로 된 현장 타설 콘크리트 보'라고 할 수 있다. 다시 말하면 보를 볼트 모양으로 잡아당기고 늘립으로써 지붕을 만든 것이다.
49) 마쓰쿠마 히로시, 김인산, 류상보 옮김, 『루이스 칸: 존재의지의 표상과 구축』, p.132
50) Alessandra Latour, Louis. I. Kahn, *Writings, Lectures, Interviews*, p.228.
51) Patricia Loud, *The Art Museums of Luis I. Kahn*, Duke University Press, 1989, p.173.

참고문헌

Architecture & Urbanism, Louis I. Kahn: Conception and Meaning, *A+U*, 1983, 11.

Ford, Edward R., *The Details of Modern Architecture*, MIT press, 1996.

Frampton, Kenneth, Rappel a l'ordre, the Case for the Tectonic, *Architectural Design*, 1990.

Frampton, Kenneth, *Studies in Tectonic Culture*, MIT press, 1995.

Gast, Klaus-Peter, *Louis I. Kahn: The Idea of Order*, Birkhauser, 1998.

Hartoonian, Gevork, *Ontology of Construction: On Nihilism of Technology in Theories of Modern Architecture*, Cambridge Univ. Press, 1994.

Kahn, Louis, Toward a Plan for Midtown Philadelphia, *Perspecta*, no2, 1953.

Wurman, Richard, *What Will Be Has Always Been, the Words of Louis Kahn*, Rizzoli, 1986.

前田忠直, ルイス·カーン研究, 鹿島出版會, 1994.

Tyng, A., Beginnings, 서유석 옮김, 『루이스 칸의 건축 철학』, 태림출판사, 1994.

마쓰쿠마 히로시, 김인산, 류상보 옮김, 『루이스 칸: 존재의지의 표상과 구축』, 르네상스, 2005.

고야마 히사오, 김광현 옮김, 『건축의장강의』, 도서출판 국제, 1998.

김낙중, 「루이스 칸 건축의 구축적 특성에 관한 연구」, 서울대학교 박사논문, 1998.

정태용, 김낙중, 「필립스 엑시터 도서관의 내부 공간 특성에 관한 연구」, 한국실내디자인학회 논문집: v.14 n.5.

프랑스엔 〈크세주〉, 일본엔 〈이와나미 문고〉, 한국에는 〈살림지식총서〉가 있습니다.

📱 전자책 | 🔍 큰글자 | 🔊 오디오북

- 001 미국의 좌파와 우파 | 이주영 📱🔍
- 002 미국의 정체성 | 김형인 📱🔍
- 003 마이너리티 역사 | 손영호 📱
- 004 두 얼굴을 가진 하나님 | 김형인 📱
- 005 MD | 정욱식 📱🔍
- 006 반미 | 김진웅 📱
- 007 영화로 보는 미국 | 김성곤 📱🔍
- 008 미국 뒤집어보기 | 장석정
- 009 미국 문화지도 | 장석정
- 010 미국 메모랜덤 | 최성일
- 011 위대한 어머니 여신 | 장영란 📱🔍
- 012 변신이야기 | 김선자 📱🔍
- 013 인도신화의 계보 | 류경희 📱🔍
- 014 축제인류학 | 류정아 📱
- 015 오리엔탈리즘의 역사 | 정진농 🔍
- 016 이슬람 문화 | 이희수 📱🔍
- 017 살롱문화 | 서정복 📱
- 018 추리소설의 세계 | 정규웅 🔍
- 019 애니메이션의 장르와 역사 | 이용배 📱
- 020 문신의 역사 | 조현설 📱
- 021 색채의 상징, 색채의 심리 | 박영수 📱🔍
- 022 인체의 신비 | 이성주 📱
- 023 생물학무기 | 배우철 📱
- 024 이 땅에서 우리말로 철학하기 | 이기상
- 025 중세는 정말 암흑기였나 | 이경재 📱🔍
- 026 미셸 푸코 | 양운덕 📱🔍
- 027 포스트모더니즘에 대한 성찰 | 신승환 📱🔍
- 028 조폭의 계보 | 방성수
- 029 성스러움과 폭력 | 류성민 📱
- 030 성상 파괴주의와 성상 옹호주의 | 진형준 📱
- 031 UFO학 | 성시정 📱
- 032 최면의 세계 | 설기문 📱
- 033 천문학 탐구자들 | 이면우
- 034 블랙홀 | 이충환 📱
- 035 법의학의 세계 | 이윤성 📱🔍
- 036 양자 컴퓨터 | 이순칠 📱
- 037 마피아의 계보 | 안혁 📱🔍
- 038 헬레니즘 | 윤진 📱
- 039 유대인 | 정성호 📱🔍
- 040 M. 엘리아데 | 정진홍 📱🔍
- 041 한국교회의 역사 | 서정민 📱
- 042 야웨와 바알 | 김남일 📱
- 043 캐리커처의 역사 | 박창석
- 044 한국 액션영화 | 오승욱 📱
- 045 한국 문예영화 이야기 | 김남석 📱
- 046 포켓몬 마스터 되기 | 김윤아 📱
- 047 판타지 | 송태현 📱
- 048 르 몽드 | 최연구 📱🔍
- 049 그리스 사유의 기원 | 김재홍 📱
- 050 영혼론 입문 | 이정우
- 051 알베르 카뮈 | 유기환 📱🔍
- 052 프란츠 카프카 | 편영수 📱
- 053 버지니아 울프 | 김희정 📱
- 054 재즈 | 최규용 📱🔍
- 055 뉴에이지 음악 | 양한수 📱
- 056 중국의 고구려사 왜곡 | 최광식 📱
- 057 중국의 정체성 | 강준영 📱🔍
- 058 중국의 문화코드 | 강진석 🔍
- 059 중국사상의 뿌리 | 장현근 📱🔍
- 060 화교 | 정성호 📱
- 061 중국인의 금기 | 장범성 🔍
- 062 무협 | 문현선 📱
- 063 중국영화 이야기 | 임대근 📱
- 064 경극 | 송철규 📱
- 065 중국적 사유의 원형 | 박정근 📱🔍
- 066 수도원의 역사 | 최형걸 📱
- 067 현대 신학 이야기 | 박만 📱
- 068 요가 | 류경희 📱🔍
- 069 성공학의 역사 | 정해윤 📱
- 070 진정한 프로는 변화가 즐겁다 | 김학선 📱🔍
- 071 외국인 직접투자 | 송의달
- 072 지식의 성장 | 이한구 📱🔍
- 073 사랑의 철학 | 이정은 📱
- 074 유교문화와 여성 | 김미영 📱
- 075 매체 정보란 무엇인가 | 구연상 📱
- 076 피에르 부르디외와 한국사회 | 홍성민 📱
- 077 21세기 한국의 문화혁명 | 이정덕
- 078 사건으로 보는 한국의 정치변동 | 양길현 📱
- 079 미국을 만든 사상들 | 정경희 📱🔍
- 080 한반도 시나리오 | 정욱식 📱🔍
- 081 미국인의 발견 | 우수근
- 082 미국의 거장들 | 김홍국 📱
- 083 법으로 보는 미국 | 채동배
- 084 미국 여성사 | 이창신 📱
- 085 책과 세계 | 강유원 🔍
- 086 유럽왕실의 탄생 | 김현수 📱🔍
- 087 박물관의 탄생 | 전진성 📱
- 088 절대왕정의 탄생 | 임승휘 📱🔍
- 089 커피 이야기 | 김성윤 📱🔍
- 090 축구의 문화사 | 이은호
- 091 세기의 사랑 이야기 | 안재필 📱🔍
- 092 반연극의 계보와 미학 | 임준서 📱

093 한국의 연출가들 | 김남석
094 동아시아의 공연예술 | 서연호
095 사이코드라마 | 김정일
096 철학으로 보는 문화 | 신응철
097 장 폴 사르트르 | 변광배
098 프랑스 문화와 상상력 | 박기현
099 아브라함의 종교 | 공일주
100 여행 이야기 | 이진홍
101 아테네 | 장영란
102 로마 | 한형곤
103 이스탄불 | 이희수
104 예루살렘 | 최창모
105 상트 페테르부르크 | 방일권
106 하이델베르크 | 곽병휴
107 파리 | 김복래
108 바르샤바 | 최건영
109 부에노스아이레스 | 고부안
110 멕시코 시티 | 정혜주
111 나이로비 | 양철준
112 고대 올림픽의 세계 | 김복희
113 종교와 스포츠 | 이창익
114 그리스 미술 이야기 | 노성두
115 그리스 문명 | 최혜영
116 그리스와 로마 | 김덕수
117 알렉산드로스 | 조현미
118 고대 그리스의 시인들 | 김헌
119 올림픽의 숨은 이야기 | 장원재
120 장르 만화의 세계 | 박인하
121 성공의 길은 내 안에 있다 | 이숙영
122 모든 것을 고객중심으로 바꿔라 | 안상헌
123 중세와 토마스 아퀴나스 | 박주영
124 우주 개발의 숨은 이야기 | 정홍철
125 나노 | 이영희
126 초끈이론 | 박재모·현승준
127 안토니 가우디 | 손세관
128 프랭크 로이드 라이트 | 서수경
129 프랭크 게리 | 이일형
130 리처드 마이어 | 이성훈
131 안도 다다오 | 임채진
132 색의 유혹 | 오수연
133 고객을 사로잡는 디자인 혁신 | 신언모
134 양주 이야기 | 김준철
135 주역과 운명 | 심의용
136 학계의 금기를 찾아서 | 강성민
137 미·중·일 새로운 패권전략 | 우수근
138 세계지도의 역사와 한반도의 발견 | 김상근
139 신용하 교수의 독도 이야기 | 신용하
140 간도는 누구의 땅인가 | 이성환
141 말리노프스키의 문화인류학 | 김용환
142 크리스마스 | 이영제
143 바로크 | 신정아
144 페르시아 문화 | 신규섭
145 패션과 명품 | 이재진
146 프랑켄슈타인 | 장정희
147 뱀파이어 연대기 | 한혜원
148 위대한 힙합 아티스트 | 김정훈
149 살사 | 최명호
150 모던 걸, 여우 목도리를 버려라 | 김주리
151 누가 하이카라 여성을 데리고 사누 | 김미지
152 스위트 홈의 기원 | 백지혜
153 대중적 감수성의 탄생 | 강심호
154 에로 그로 넌센스 | 소래섭
155 소리가 만들어낸 근대의 풍경 | 이승원
156 서울은 어떻게 계획되었는가 | 염복규
157 부엌의 문화사 | 함한희
158 칸트 | 최인숙
159 사람은 왜 인정받고 싶어하나 | 이정은
160 지중해학 | 박상진
161 동북아시아 비핵지대 | 이삼성 외
162 서양 배우의 역사 | 김정수
163 20세기의 위대한 연극인들 | 김미혜
164 영화음악 | 박신영
165 한국독립영화 | 김수남
166 영화와 샤머니즘 | 이종승
167 영화로 보는 불륜의 사회학 | 황혜진
168 J.D. 샐린저와 호밀밭의 파수꾼 | 김성곤
169 허브 이야기 | 조태동·송진희
170 프로레슬링 | 성민수
171 프랑크푸르트 | 이기식
172 바그다드 | 이동은
173 아테네인, 스파르타인 | 윤진
174 정치의 원형을 찾아서 | 최자영
175 소르본 대학 | 서정복
176 테마로 보는 서양미술 | 권용준
177 칼 마르크스 | 박영균
178 허버트 마르쿠제 | 손철성
179 안토니오 그람시 | 김현우
180 안토니오 네그리 | 윤수종
181 박이문의 문학과 철학 이야기 | 박이문
182 상상력과 가스통 바슐라르 | 홍명희
183 인간복제의 시대가 온다 | 김홍재
184 수소 혁명의 시대 | 김미선
185 로봇 이야기 | 김문상
186 일본의 정체성 | 김필동
187 일본의 서양문화 수용사 | 정하미
188 번역과 일본의 근대 | 최경옥
189 전쟁국가 일본 | 이성환
190 한국과 일본 | 하우봉
191 일본 누드 문화사 | 최유경
192 주신구라 | 이준섭
193 일본의 신사 | 박규태
194 미야자키 하야오 | 김윤아
195 애니메이션으로 보는 일본 | 박규태
196 디지털 에듀테인먼트 스토리텔링 | 강심호
197 디지털 애니메이션 스토리텔링 | 배주영
198 디지털 게임의 미학 | 전경란
199 디지털 게임 스토리텔링 | 한혜원
200 한국형 디지털 스토리텔링 | 이인화

201 디지털 게임, 상상력의 새로운 영토 | 이정엽
202 프로이트와 종교 | 권수영
203 영화로 보는 태평양전쟁 | 이동훈
204 소리의 문화사 | 김토일
205 극장의 역사 | 임종엽
206 뮤지엄건축 | 서상우
207 한옥 | 박명덕
208 한국만화사 산책 | 손상익
209 만화 속 백수 이야기 | 김성훈
210 코믹스 만화의 세계 | 박석환
211 북한만화의 이해 | 김성훈·박소현
212 북한 애니메이션 | 이대연·김경임
213 만화로 보는 미국 | 김기홍
214 미생물의 세계 | 이재열
215 빛과 색 | 변종철
216 인공위성 | 장영근
217 문화콘텐츠란 무엇인가 | 최연구
218 고대 근동의 신화와 종교 | 강성열
219 신비주의 | 금인숙
220 십자군, 성전과 약탈의 역사 | 진원숙
221 종교개혁 이야기 | 이성덕
222 자살 | 이진홍
223 성, 그 억압과 진보의 역사 | 윤가현
224 아파트의 문화사 | 박철수
225 권오길 교수가 들려주는 생물의 섹스 이야기 | 권오길
226 동물행동학 | 임신재
227 한국 축구 발전사 | 김성원
228 월드컵의 위대한 전설들 | 서준형
229 월드컵의 강국들 | 심재희
230 스포츠마케팅의 세계 | 박찬혁
231 일본의 이중권력, 쇼군과 천황 | 다카시로 고이치
232 일본의 사소설 | 안영희
233 글로벌 매너 | 박한표
234 성공하는 중국 진출 가이드북 | 우수근
235 20대의 정체성 | 정성호
236 중년의 사회학 | 정성호
237 인권 | 차병직
238 헌법재판 이야기 | 오호택
239 프라하 | 김규진
240 부다페스트 | 김성진
241 보스턴 | 황선희
242 돈황 | 전인초
243 보들레르 | 이건수
244 돈 후안 | 정동섭
245 사르트르 참여문학론 | 변광배
246 문체론 | 이종오
247 올더스 헉슬리 | 김효원
248 탈식민주의에 대한 성찰 | 박종성
249 서양 무기의 역사 | 이내주
250 백화점의 문화사 | 김인호
251 초콜릿 이야기 | 정한진
252 향신료 이야기 | 정한진
253 프랑스 미식 기행 | 심순철
254 음식 이야기 | 윤진아
255 비틀스 | 고영탁
256 현대시와 불교 | 오세영
257 불교의 선악론 | 안옥선
258 질병의 사회사 | 신규환
259 와인의 문화사 | 고형욱
260 와인, 어떻게 즐길까 | 김준철
261 노블레스 오블리주 | 예종석
262 미국인의 탄생 | 김진웅
263 기독교의 교파 | 남병두
264 플로티노스 | 조규홍
265 아우구스티누스 | 박경숙
266 안셀무스 | 김영철
267 중국 종교의 역사 | 박종우
268 인도의 신화와 종교 | 정광흠
269 이라크의 역사 | 공일주
270 르 코르뷔지에 | 이관석
271 김수영, 혹은 시적 양심 | 이은정
272 의학사상사 | 여인석
273 서양의학의 역사 | 이재담
274 몸의 역사 | 강신익
275 인류를 구한 항균제들 | 예병일
276 전쟁의 판도를 바꾼 전염병 | 예병일
277 사상의학 바로 알기 | 장동민
278 조선의 명의들 | 김호
279 한국인의 관계심리학 | 권수영
280 모건의 가족 인류학 | 김용환
281 예수가 상상한 그리스도 | 김호경
282 사르트르와 보부아르의 계약결혼 | 변광배
283 초기 기독교 이야기 | 진원숙
284 동유럽의 민족 분쟁 | 김철민
285 비잔틴제국 | 진원숙
286 오스만제국 | 진원숙
287 별을 보는 사람들 | 조상호
288 한미 FTA 후 직업의 미래 | 김준성
289 구조주의와 그 이후 | 김종우
290 아도르노 | 이종하
291 프랑스 혁명 | 서정복
292 메이지유신 | 장인성
293 문화대혁명 | 백승욱
294 기생 이야기 | 신현규
295 에베레스트 | 김법모
296 빈 | 인성기
297 발트3국 | 서진석
298 아일랜드 | 한일동
299 이케다 하야토 | 권혁기
300 박정희 | 김성진
301 리콴유 | 김성진
302 덩샤오핑 | 박형기
303 마거릿 대처 | 박동운
304 로널드 레이건 | 김형곤
305 셰이크 모하메드 | 최진영
306 유엔사무총장 | 김정태
307 농구의 탄생 | 손대범
308 홍차 이야기 | 정은희

309 인도 불교사 | 김미숙
310 아힌사 | 이정호
311 인도의 경전들 | 이재숙
312 글로벌 리더 | 백형찬
313 탱고 | 배수경
314 미술경매 이야기 | 이규현
315 달마 그 제자들 | 우봉규
316 화두와 좌선 | 김호귀
317 대학의 역사 | 이광주
318 이슬람의 탄생 | 진원숙
319 DNA분석과 과학수사 | 박기원
320 대통령의 탄생 | 조지형
321 대통령의 퇴임 이후 | 김형곤
322 미국의 대통령 선거 | 윤용희
323 프랑스 대통령 이야기 | 최연구
324 실용주의 | 이유선
325 맥주의 세계 | 원용희
326 SF의 법칙 | 고장원
327 원효 | 김원명
328 베이징 | 조창완
329 상하이 | 김윤희
330 홍콩 | 유영하
331 중화경제의 리더들 | 박형기
332 중국의 엘리트 | 주장환
333 중국의 소수민족 | 정재남
334 중국을 이해하는 9가지 관점 | 우수근
335 고대 페르시아의 역사 | 유흥태
336 이란의 역사 | 유흥태
337 에스파한 | 유흥태
338 번역이란 무엇인가 | 이향
339 해체론 | 조규형
340 자크 라캉 | 김용수
341 하지홍 교수의 개 이야기 | 하지홍
342 다방과 카페, 모던보이의 아지트 | 장유정
343 역사 속의 채식인 | 이광조
344 보수와 진보의 정신분석 | 김용신
345 저작권 | 김기태
346 왜 그 음식은 먹지 않을까 | 정한진
347 플라멩코 | 최명호
348 월트 디즈니 | 김지영
349 빌 게이츠 | 김익현
350 스티브 잡스 | 김상훈
351 잭 웰치 | 하정필
352 워런 버핏 | 이민주
353 조지 소로스 | 김성진
354 마쓰시타 고노스케 | 권혁기
355 도요타 | 이우광
356 기술의 역사 | 송성수
357 미국의 총기 문화 | 손영호
358 표트르 대제 | 박지배
359 조지 워싱턴 | 김형곤
360 나폴레옹 | 서정복
361 비스마르크 | 김장수
362 모택동 | 김승일
363 러시아의 정체성 | 기연수
364 너는 시방 위험한 로봇이다 | 오은
365 발레리나를 꿈꾼 로봇 | 김선혁
366 로봇 선생님 가라사대 | 안동근
367 로봇 디자인의 숨겨진 규칙 | 구신애
368 로봇을 향한 열정, 일본 애니메이션 | 안병욱
369 도스토예프스키 | 박영은
370 플라톤의 교육 | 장영란
371 대공황 시대 | 양동휴
372 미래를 예측하는 힘 | 최연구
373 꼭 알아야 하는 미래 질병 10가지 | 우정헌
374 과학기술의 개척자들 | 송성수
375 레이첼 카슨과 침묵의 봄 | 김재호
376 좋은 문장 나쁜 문장 | 송준호
377 바울 | 김호경
378 테킬라 이야기 | 최명호
379 어떻게 일본 과학은 노벨상을 탔는가 | 김범성
380 기후변화 이야기 | 이유진
381 상송 | 전금주
382 이슬람 예술 | 전완경
383 페르시아의 종교 | 유흥태
384 삼위일체론 | 유해무
385 이슬람 율법 | 공일주
386 금강경 | 곽철환
387 루이스 칸 | 김낙중·정태용
388 톰 웨이츠 | 신주현
389 위대한 여성 과학자들 | 송성수
390 법원 이야기 | 오호택
391 명예훼손이란 무엇인가 | 안상운
392 사법권의 독립 | 조지형
393 피해자학 강의 | 장규원
394 정보공개란 무엇인가 | 안상운
395 적정기술이란 무엇인가 | 김정태·홍성욱
396 치명적인 금융위기, 왜 유독 대한민국인가 | 오형규
397 지방자치단체, 돈이 새고 있다 | 최인욱
398 스마트 위험사회가 온다 | 민경식
399 한반도 대재난, 대책은 있는가 | 이정직
400 불안사회 대한민국, 복지가 해답인가 | 신광영
401 21세기 대한민국 대외전략 | 김기수
402 보이지 않는 위협, 종북주의 | 류현수
403 우리 헌법 이야기 | 오호택
404 핵심 중국어 간체자(简体字) | 김현정
405 문화생활과 문화주택 | 김용범
406 미래주거의 대안 | 김세용·이재준
407 개방과 폐쇄의 딜레마, 북한의 이중적 경제 | 남성욱·정유석
408 연극과 영화를 통해 본 북한 사회 | 민병욱
409 먹기 위한 개방, 살기 위한 핵외교 | 김계동
410 북한 정권 붕괴 가능성과 대비 | 전경주
411 북한을 움직이는 힘, 군부의 패권경쟁 | 이영훈
412 인민의 천국에서 벌어지는 인권유린 | 허만호
413 성공을 이끄는 마케팅 법칙 | 추성엽
414 커피로 알아보는 마케팅 베이직 | 김민주
415 쓰나미의 과학 | 이호준
416 20세기를 빛낸 극작가 20인 | 백승무

417 20세기의 위대한 지휘자 | 김문경
418 20세기의 위대한 피아니스트 | 노태헌
419 뮤지컬의 이해 | 이동섭
420 위대한 도서관 건축 순례 | 최정태
421 아름다운 도서관 오디세이 | 최정태
422 롤링 스톤즈 | 김기범
423 서양 건축과 실내디자인의 역사 | 천진희
424 서양 가구의 역사 | 공혜원
425 비주얼 머천다이징&디스플레이 디자인 | 강희수
426 호감의 법칙 | 김경호
427 시대의 지성, 노암 촘스키 | 임기대
428 역사로 본 중국음식 | 신계숙
429 일본요리의 역사 | 박병학
430 한국의 음식문화 | 도현신
431 프랑스 음식문화 | 민혜련
432 중국차 이야기 | 조은아
433 디저트 이야기 | 안호기
434 치즈 이야기 | 박승용
435 면(麵) 이야기 | 김한송
436 막걸리 이야기 | 정은숙
437 알렉산드리아 비블리오테카 | 남태우
438 개헌 이야기 | 오호택
439 전통 명품의 보고, 규장각 | 신병주
440 에로스의 예술, 발레 | 김도윤
441 소크라테스를 알라 | 장영란
442 소프트웨어가 세상을 지배한다 | 김재호
443 국제난민 이야기 | 김철민
444 셰익스피어 그리고 인간 | 김도윤
445 명상이 경쟁력이다 | 김필수
446 갈참나무의 시인 백석 | 이숭원
447 브랜드를 알면 자동차가 보인다 | 김흥식
448 파이온에서 힉스 입자까지 | 이강영
449 알고 쓰는 화장품 | 구희연
450 희망이 된 인문학 | 김호연
451 한국 예술의 큰 별 동랑 유치진 | 백형찬
452 경허와 그 제자들 | 우봉규
453 논어 | 윤홍식
454 장자 | 이기동
455 맹자 | 장현근
456 관자 | 신창호
457 순자 | 윤무학
458 미사일 이야기 | 박준복
459 사주(四柱) 이야기 | 이지형
460 영화로 보는 로큰롤 | 김기범
461 비타민 이야기 | 김정환
462 장군 이순신 | 도현신
463 전쟁의 심리학 | 이윤규
464 미국의 장군들 | 여영무
465 첨단무기의 세계 | 양낙규
466 한국무기의 역사 | 이내주
467 노자 | 임헌규
468 한비자 | 윤찬원
469 묵자 | 박문현
470 나는 누구인가 | 김용신

471 논리적 글쓰기 | 여세주
472 디지털 시대의 글쓰기 | 이강룡
473 NLL을 말하다 | 이상철
474 뇌의 비밀 | 서유헌
475 버트런드 러셀 | 박병철
476 에드문트 후설 | 박인철
477 공간 해석의 지혜, 풍수 | 이지형
478 이야기 동양철학사 | 강성률
479 이야기 서양철학사 | 강성률
480 독일 계몽주의의 유학적 기초 | 전홍석
481 우리말 한자 바로쓰기 | 안광희
482 유머의 기술 | 이상훈
483 관상 | 이태룡
484 가상학 | 이태룡
485 역경 | 이태룡
486 대한민국 대통령들의 한국경제 이야기 1 | 이장규
487 대한민국 대통령들의 한국경제 이야기 2 | 이장규
488 별자리 이야기 | 이형철 외
489 셜록 홈즈 | 김재성
490 역사를 움직인 중국 여성들 | 이양자
491 중국 고전 이야기 | 문승용
492 발효 이야기 | 이미란
493 이승만 평전 | 이주영
494 미군정시대 이야기 | 차상철
495 한국전쟁사 | 이희진
496 정전협정 | 조성훈
497 북한 대남 침투도발사 | 이윤규
498 수상 | 이태룡
499 성명학 | 이태룡
500 결혼 | 남정욱
501 광고로 보는 근대문화사 | 김병희
502 시조의 이해 | 임형선
503 일본인은 왜 속마음을 말하지 않을까 | 임영철
504 내 사랑 아다지오 | 양태조
505 수프림 오페라 | 김도윤
506 바그너의 이해 | 서정원
507 원자력 이야기 | 이정익
508 이스라엘과 창조경제 | 정성호
509 한국 사회 빈부의식은 어떻게 변했는가 | 김용신
510 요하문명과 한반도 | 우실하
511 고조선왕조실록 | 이희진
512 고구려조선왕조실록 1 | 이희진
513 고구려조선왕조실록 2 | 이희진
514 백제왕조실록 1 | 이희진
515 백제왕조실록 2 | 이희진
516 신라왕조실록 1 | 이희진
517 신라왕조실록 2 | 이희진
518 신라왕조실록 3 | 이희진
519 가야왕조실록 | 이희진
520 발해왕조실록 | 구난희
521 고려왕조실록 1 (근간)
522 고려왕조실록 2 (근간)
523 조선왕조실록 1 | 이성무
524 조선왕조실록 2 | 이성무

525 조선왕조실록 3 | 이성무 📱	579 미나모토 요리토모 | 남기학
526 조선왕조실록 4 | 이성무 📱	580 도요토미 히데요시 | 이계황
527 조선왕조실록 5 | 이성무 📱	581 요시다 쇼인 | 이희복
528 조선왕조실록 6 | 편집부 📱	582 시부사와 에이이치 | 양의모
529 정한론 | 이기용 📱	583 이토 히로부미 | 방광석
530 청일전쟁 (근간)	584 메이지 천황 | 박진우
531 러일전쟁 (근간)	585 하라 다카시 | 김영숙
532 이슬람 전쟁사 | 진원숙 📱	586 히라쓰카 라이초 | 정애영
533 소주이야기 | 이지형 📱	587 고노에 후미마로 | 김봉식
534 북한 남침 이후 3일간, 이승만 대통령의 행적 | 남정옥	588 모방이론으로 본 시장경제 | 김진식
535 제주 신화 1 | 이석범	589 보들레르의 풍자적 현대문명 비판 | 이건수 📱
536 제주 신화 2 | 이석범	590 원시유교 | 한성구
537 제주 전설 1 | 이석범	591 도가 | 김대근
538 제주 전설 2 | 이석범	592 춘추전국시대의 고민 | 김현주
539 제주 전설 3 | 이석범	
540 제주 전설 4 | 이석범	
541 제주 전설 5 | 이석범	
542 제주 민담 | 이석범	
543 서양의 명장 | 박기련 📱	
544 동양의 명장 | 박기련 📱	
545 루소, 교육을 말하다 | 고봉만·황성원 📱	
546 철학으로 본 앙트러프러너십 | 전인수 📱	
547 예술과 앙트러프러너십 | 조명계 📱	
548 예술마케팅 | 전인수	
549 비즈니스상상력 | 전인수	
550 개념설계의 시대 | 전인수 📱	
551 미국 독립전쟁 | 김형곤 📱	
552 미국 남북전쟁 | 김형곤 📱	
553 초기불교 이야기 | 곽철환 📱	
554 한국가톨릭의 역사 | 서정민 📱	
555 시아 이슬람 | 유흥태 📱	
556 스토리텔링에서 스토리두잉으로 | 윤주 📱	
557 백세시대의 지혜 | 신현동 📱	
558 구보 씨가 살아온 한국 사회 | 김병희 📱	
559 정부광고로 보는 일상생활사 | 김병희	
560 정부광고의 국민계몽 캠페인 | 김병희	
561 도시재생이야기 | 윤주 📱 🔍	
562 한국의 핵무장 | 김재엽	
563 고구려 비문의 비밀 | 정호섭 📱	
564 비슷하면서도 다른 한중문화 | 장범성	
565 급변하는 현대 중국의 일상 | 장시,리우린,장범성	
566 중국의 한국 유학생들 | 왕링원, 장범성 📱	
567 밥 딜런 그의 나라에는 누가 사는가 | 오민석 📱	
568 언론으로 본 정부 정책의 변천 | 김병희	
569 전통과 보수의 나라 영국 1–영국 역사 | 한일동	
570 전통과 보수의 나라 영국 2–영국 문화 | 한일동	
571 전통과 보수의 나라 영국 3–영국 현대 | 김언조	
572 제1차 세계대전 | 윤형호	
573 제2차 세계대전 | 윤형호	
574 라벨로 보는 프랑스 포도주의 이해 | 전경준	
575 미셸 푸코, 말과 사물 | 이규현	
576 프로이트, 꿈의 해석 | 김석	
577 왜 5왕 | 홍성화	
578 소가씨 4대 | 나행주	

루이스 칸 건축의 본질을 찾아서

펴낸날	초판 1쇄 2016년 4월 30일
	초판 3쇄 2021년 3월 31일

엮은이	김낙중 · 정태용
펴낸이	심만수
펴낸곳	(주)살림출판사
출판등록	1989년 11월 1일 제9-210호

주소	경기도 파주시 광인사길 30
전화	031-955-1350 팩스 031-624-1356
홈페이지	http://www.sallimbooks.com
이메일	book@sallimbooks.com

ISBN	978-89-522-1523-9 04080
	978-89-522-0096-9 04080(세트)

※ 값은 뒤표지에 있습니다.
※ 잘못 만들어진 책은 구입하신 서점에서 바꾸어 드립니다.

함께 읽으면 좋은 책

예술

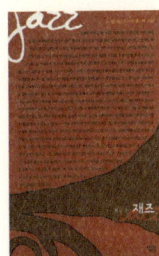

054 재즈

eBook

최규용(재즈평론가)

즉흥연주의 대명사, 재즈의 종류와 그 변천사를 한눈에 알 수 있도록 소개한 책. 재즈만이 가지고 있는 매력과 음악을 소개한다. 특히 초기부터 현재까지 재즈의 사조에 따라 변화한 즉흥연주를 중심으로 풍부한 비유를 동원하여 서술했기 때문에 재즈의 역사와 다양한 사조의 특징을 쉽게 이해할 수 있다.

255 비틀스

eBook

고영탁(대중음악평론가)

음악 하나로 세상을 정복한 불세출의 록 밴드. 20세기에 가장 큰 충격과 영향을 준 스타 중의 스타! 비틀스는 사람들에게 꿈을 주었고, 많은 젊은이들의 인생을 바꾸었다. 그래서인지 해체한 지 40년이 넘은 지금도 그들은 지구촌 음악팬들의 많은 사랑을 받고 있다. 비틀스의 성장과 발전 모습은 어떠했나? 또 그러한 변동과정은 비틀스 자신들에게 어떤 의미였나?

422 롤링 스톤즈

eBook

김기범(영상 및 정보 기술원)

전설의 록 밴드 '롤링 스톤즈'. 그들의 몸짓 하나하나는 우리가 생각하는 것보다 훨씬 더 탁월한 수준의 음악적 깊이, 전통과 핵심에 충실하려고 애쓴 몸부림의 흔적들이 존재한다. 저자는 '롤링 스톤즈'가 50년 동안 추구해 온 '진짜'의 실체에 다가가기 위해 애쓴다. 결성 50주년을 맞은 지금도 구르기(rolling)를 계속하게 하는 힘. 이 책은 그 '힘'에 관한 이야기다.

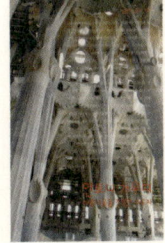

127 안토니 가우디 아름다움을 건축한 수도사

eBook

손세관(중앙대 건축공학과 교수)

스페인의 세계적인 건축가 가우디의 삶과 건축세계를 소개하는 책. 어느 양식에도 속할 수 없는 독특한 건축세계를 구축하고 자연과 너무나 닮아 있는 건축가 가우디. 이 책은 우리에게 건축물의 설계가 아닌, 아름다움 자체를 건축한 한 명의 수도자를 만나게 해준다.

예술

131 안도 다다오 건축의 누드작가

eBook

임재진(홍익대 건축공학과 교수)

일본이 낳은 불세출의 건축가 안도 다다오! 프로복서와 고졸학력, 독학으로 최고의 건축가 반열에 오른 그의 삶과 건축, 건축철학에 대해 다뤘다. 미를 창조하는 시인, 인간을 감동시키는 휴머니즘, 동양사상과 서양사상의 가치를 조화롭게 빚어낼 줄 아는 건축가 등 그를 따라다니는 수식어의 연원을 밝혀 본다.

207 한옥

eBook

박명덕(동양공전 건축학과 교수)

한옥의 효율성과 과학성을 면밀히 연구하고 있는 책. 한옥은 주위의 경관요소를 거스르지 않는 곳에 짓되 그곳에서 나오는 재료를 사용하여 그곳의 지세에 맞도록 지었다. 저자는 한옥에서 대들보나 서까래를 쓸 때에도 인공을 가하지 않는 재료를 사용하여 언뜻 보기에는 완결미가 부족한 듯하지만 실제는 그 이상의 치밀함이 들어 있다고 말한다.

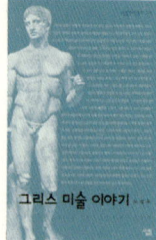

114 그리스 미술 이야기

eBook

노성두(이화여대 책임연구원)

서양 미술의 기원을 추적하다 보면 반드시 도달하게 되는 출발점인 그리스의 미술. 이 책은 바로 우리 시대의 탁월한 이야기꾼인 미술사학자 노성두가 그리스 미술에 얽힌 다양한 이야기를 재미있게 풀어놓은 이야기보따리이다. 미술의 사회적 배경과 이론적 뿌리를 더듬어 감상과 해석의 실마리에 접근하는 또 다른 시각을 제공하는 책.

382 이슬람 예술

eBook

전완경(부산외대 아랍어과 교수)

이슬람 예술은 중국을 제외하고 가장 긴 역사를 지닌 전 세계에 가장 널리 분포된 예술이 세계적인 예술이다. 이 책은 이슬람 예술을 장르별, 시대별로 다룬 입문서로 이슬람 문명의 기반이 된 페르시아 · 지중해 · 인도 · 중국 등의 문명과 이슬람교가 융합하여 미술, 건축, 음악이라는 분야에서 어떻게 표현되었는지 설명한다.

예술

417 20세기의 위대한 지휘자　　eBook

김문경(변리사)

뜨거운 삶과 음악을 동시에 끌어안았던 위대한 지휘자들 중 스무 명을 엄선해 그들의 음악관과 스타일, 성장과정을 재조명한 책. 전문 음악칼럼니스트인 저자의 추천음반이 함께 수록되어 있어 클래식 길잡이로서의 역할도 톡톡히 한다. 특히 각 지휘자들의 감각 있고 개성 있는 해석 스타일을 묘사한 부분은 이 책의 백미다.

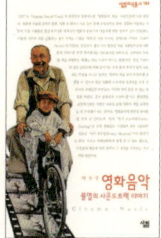

164 영화음악 불멸의 사운드트랙 이야기　　eBook

박신영(프리랜서 작가)

영화음악 감상에 필요한 기초 지식, 불멸의 영화음악, 자신만의 세계를 인정받는 영화음악인들에 대한 이야기를 담았다. 〈시네마천국〉〈사운드 오브 뮤직〉같은 고전은 물론, 〈아멜리에〉〈봄날은 간다〉〈카우보이 비밥〉등 숨겨진 보석 같은 영화음악도 소개한다. 조성우, 엔니오 모리꼬네, 대니 앨프먼 등 거장들의 음악세계도 엿볼 수 있다.

440 발레　　eBook

김도윤(프리랜서 통번역가)

〈로미오와 줄리엣〉과 〈잠자는 숲속의 미녀〉는 발레 무대에 흔히 오르는 작품 중 하나다. 그런데 왜 '발레'라는 장르만 생소하게 느껴지는 것일까? 저자는 그 배경에 '고급예술'이라는 오해, 난해한 공연 장르라는 선입견이 존재한다고 지적한다. 저자는 일단 발레라는 예술 장르가 주는 감동의 깊이를 경험하기 위해 문 밖을 나서길 원한다.

194 미야자키 하야오　　eBook

김윤아(건국대 강사)

미야자키 하야오의 최근 대표작을 통해 일본의 신화와 그 이면을 소개한 책. 〈원령공주〉〈센과 치히로의 행방불명〉〈하울의 움직이는 성〉이 사랑받은 이유는 이 작품들이 가장 보편적이면서도 가장 일본적인 신화이기 때문이다. 신화의 세계를 미야자키 하야오의 작품과 다양한 측면으로 연결시키면서 그의 작품세계의 특성을 밝힌다.

예술

eBook 표시가 되어있는 도서는 전자책으로 구매가 가능합니다.

- 019 애니메이션의 장르와 역사 | 이용배 eBook
- 043 캐리커처의 역사 | 박창석
- 044 한국 액션영화 | 오승욱 eBook
- 045 한국 문예영화 이야기 | 김남석 eBook
- 046 포켓몬 마스터 되기 | 김윤아 eBook
- 054 재즈 | 최규용 eBook
- 055 뉴에이지 음악 | 양한수 eBook
- 063 중국영화 이야기 | 임대근
- 064 경극 | 송철규 eBook
- 091 세기의 사랑 이야기 | 안재필 eBook
- 092 반연극의 계보와 미학 | 임준서 eBook
- 093 한국의 연출가들 | 김남석 eBook
- 094 동아시아의 공연예술 | 서연호 eBook
- 095 사이코드라마 | 김정일
- 114 그리스 미술 이야기 | 노성두 eBook
- 120 장르 만화의 세계 | 박인하 eBook
- 127 안토니 가우디 | 손세관 eBook
- 128 프랭크 로이드 라이트 | 서수경 eBook
- 129 프랭크 게리 | 이일형
- 130 리차드 마이어 | 이성훈 eBook
- 131 안도 다다오 | 임채진 eBook
- 148 위대한 힙합 아티스트 | 김정훈
- 149 살사 | 최명호
- 162 서양 배우의 역사 | 김정수
- 163 20세기의 위대한 연극인들 | 김미혜
- 164 영화음악 | 박신영 eBook
- 165 한국독립영화 | 김수남
- 166 영화와 샤머니즘 | 이종승
- 167 영화로 보는 불륜의 사회학 | 황혜진 eBook
- 176 테마로 보는 서양미술 | 권용준 eBook
- 194 미야자키 하야오 | 김윤아 eBook
- 195 애니메이션으로 보는 일본 | 박규태 eBook
- 203 영화로 보는 태평양전쟁 | 이동훈 eBook
- 204 소리의 문화사 | 김토일 eBook
- 205 극장의 역사 | 임종엽 eBook
- 206 뮤지엄건축 | 서상우
- 207 한옥 | 박명덕 eBook
- 208 한국만화사 산책 | 손상익
- 209 만화 속 백수 이야기 | 김성훈
- 210 코믹스 만화의 세계 | 박석환
- 211 북한만화의 이해 | 김성훈 · 박소현
- 212 북한 애니메이션 | 이대연 · 김경임
- 213 만화로 보는 미국 | 김기홍 eBook
- 255 비틀스 | 고영탁
- 270 르 코르뷔지에 | 이관석
- 313 탱고 | 배수경
- 314 미술경매 이야기 | 이규현
- 347 플라멩코 | 최명호
- 381 상송 | 전금주
- 382 이슬람 예술 | 전완경 eBook
- 387 루이스 칸 | 김낙중 · 정태용 eBook
- 388 톰 웨이츠 | 신주현 eBook
- 416 20세기를 빛낸 극작가 20인 | 백승무
- 417 20세기의 위대한 지휘자 | 김문경 eBook
- 418 20세기의 위대한 피아니스트 | 노태헌 eBook
- 419 뮤지컬의 이해 | 이동섭 eBook
- 422 롤링 스톤즈 | 김기범
- 440 에로스의 예술, 발레 | 김도윤 eBook
- 451 동랑 유치진 | 백형찬 eBook
- 460 영화로 보는 로큰롤 | 김기범 eBook

(주)**살림출판사**
www.sallimbooks.com
주소 경기도 파주시 문발동 522-1 | 전화 031-955-1350 | 팩스 031-955-1355